影响力思想库·营销总监系列

丛书主编 易发久

渠道为王

（修订版）

销售渠道建设3部曲

影响力商学院 编著

电子工业出版社

Publishing House of Electronics Industry

北京·BEIJING

内 容 简 介

本书是"影响力思想库·营销总监系列"之一。本书通过选渠、开渠和护渠 3 部曲，深入剖析了渠道结构设计、渠道成员选择、渠道产品线梳理、渠道价格启动、渠道终端铺设、渠道成员管理、渠道物流管理、渠道账款管理及渠道绩效评估等 9 个方面的现实问题，为在渠道管理中陷入迷茫的企业提供了实战经验和系统解决方案。本书以案例、实用工具和方法技巧为主，贴近管理者的实际工作需要，不仅可作为营销总监、销售主管的指导工具，同时也可作为大、中专毕业生进行职业化训练与学习的辅导用书。

图书在版编目（CIP）数据

渠道为王：销售渠道建设 3 部曲 / 影响力商学院编著. —修订版. —北京：电子工业出版社，2012.9

（影响力思想库·营销总监系列）

ISBN 978-7-121-17451-3

Ⅰ. ①渠… Ⅱ. ①影… Ⅲ. ①企业管理—销售管理 Ⅳ. ①F274

中国版本图书馆 CIP 数据核字(2012)第 140045 号

责任编辑：李　静
印　　刷：涿州市殷润文化传播有限公司
装　　订：涿州市殷润文化传播有限公司
出版发行：电子工业出版社
　　　　　北京市海淀区万寿路 173 信箱　邮编 100036
开　　本：720×1000　1/16　印张：14.75　字数：245 千字
版　　次：2009 年 1 月第 1 版
　　　　　2012 年 9 月第 2 版
印　　次：2024 年 5 月第 26 次印刷
定　　价：39.00 元

凡所购买电子工业出版社图书有缺损问题，请向购买书店调换。若书店售缺，请与本社发行部联系，联系及邮购电话：(010) 88254888，88258888。

质量投诉请发邮件至 zlts@phei.com.cn，盗版侵权举报请发邮件至 dbqq@phei.com.cn。

本书咨询联系方式：(010) 88254199，sjb@phei.com.cn。

总　　序

易发久是我的忘年之友，也是我众多弟子中最有德、有识、有才者之一。

一个老师最大的骄傲就是培养出让自己敬佩的学生，如今我可以无憾地说，我就是那个最幸福的老师。发久聪明睿智、勇于探索、善于创新，常常让我赞叹、欣慰，在业内也是有口皆碑。我自与他相识、相知以来，亲见他出版了一本又一本专著，主持了一个又一个培训盛会，结识了一代又一代才俊，培训了一批又一批学员，一次次将中国的培训事业推向高潮。可以肯定地说，没有发久，中国的培训也会大踏步发展，但一定会落后一两年。不要小看这一两年时间，在周围环境瞬息万变的时代，也许落后一步就要追赶几十年。所以，发久对中国企业的发展，可以说是有功德的。

我是中国"文革"后最早从事培训工作的人之一，早在1977年就倡导并创办了全国第一所民办大学，在1986年又创办了全国第一个MBA班，亲眼目睹了中国培训业30多年的发展。我百感交集，既欣慰喜悦，又惋惜痛心。欣慰的是，越来越多的企业已认识到了培训的重要性，而且提供培训服务的公司也越来越多；惋惜的是，大部分培训没有达到预期效果，许多培训公司只是昙花一现即告凋零。

为什么会出现这种"其兴也勃焉，其亡也忽焉"的现象呢？细细思索，可归咎为如下原因：

（1）单纯学习西方，生搬硬套。西方的东西虽对中国企业有借鉴意义，但它再好也不会完全适应中国国情，一定会有些水土不服。

（2）过分强调古代的经营谋略，又不能很好地联系实际，导致"看上去很美"，却难以古为今用，创造效益。

（3）笼统地介绍一些现代企业的经验，过于琐碎和感性，没有上升到理论高度，无法对众多企业产生普遍的指导意义。

针对上述弊端，影响力集团时刻警醒、苦心磨砺，终于挺过了 10 年风雨，跳出了"一红即死"的发展怪圈。它帮无数中小企业提升了管理水平，助其更稳、更快地在商海中昂首阔步、笑看浮沉。连续 10 年，影响力课程的客户满意度都高居全国培训机构前列，这是其"教育产业报国"承诺的完美兑现。

但是，一花独放不是春。为了让整个中国培训界实现新的跨越，影响力集团召集十几位专家、几十位学者、上百位培训界精英，历经 3 年时间将 10 年的培训精华融入这套影响力思想库管理丛书。它不仅填补了国内培训界的教程空白，也为中国企业的建设与发展做出了贡献；它不但对培训者有益，也必能促进企业更快地发展，对我国的社会主义经济建设做出实质性的贡献。

这个世界上，几乎所有的东西都越分享越少，唯有知识和爱，才越分享越多。这套由影响力集团奉献出来的、饱含无私分享精神的丛书，最大特点就是三多：工具多、方法多、案例多。而且这些内容大多是最新采集和研发的，对中国企业的发展，具有新鲜而重大的借鉴与指导意义。书中的内容，40%现在能用，40%明天能用，20%将来能用；论述简单浅显，通俗易懂，翻开书本照做就行，谁都能上来就操刀。它注重实战，以解决问题为目的，更多地讲了"怎么做"，而不是"为什么"；它以有效、有用为己任，绝不搬弄深奥的理论和炫目的文字来难倒读者；它从企业的问题中来，为解决企业的问题而生，最终也必会回到解决企业的实际问题中去，实现其促进企业发展的终极目标。

我一贯讲：人生是多方面的，在任何场合，都要站在第一线战士的队伍里。中华民族要崛起，必须依靠一大批强大、精干的中小企业，而只有将所有愿为中小企业付出心血的人团结起来，才能在刀光剑影的世界商战中，飘扬起一面面中国的大旗。

这是一套既有厚重知识内涵、又有深刻实践价值的丛书，我愿倾情向大家推荐。这套丛书的出版，利在当代，功在千秋，功德无量。书中也许还有许多不足之处，但我坚信在各方人士的关爱之下，这套企业培训大全，必能日臻完善。

　　作为一个年近八旬的老人，我愿在耄耋之年，和英雄们一道，为中国企业的崛起奉献全部力量。老树虽老，心仍炽烈。只要中国企业需要，我愿"苍龙日暮还行雨"，"化作春泥更护花"。

李燕杰

首都师范大学教授，著名教育艺术演讲家

前　言

　　近年来，全球经济一体化对中国经济的发展起到了巨大的推动作用，促进了渠道的巨大变革。同时，许多新颖的管理理念和管理方法也不断推陈出新。随着市场环境的不断变化，市场竞争也变得日益激烈，渠道已成为企业取得竞争优势、掌握谈判主动权的重要筹码。

　　渠道是企业做强做大市场的先决条件，就像"要想富，先修路"一样，中国企业要开发中国大市场这座富矿，也必须先修筑自己的路——渠道。渠道控制着商品的流通，左右着商品价值的实现，有着非凡的魔力。正因为如此，越来越多的营销总监才将渠道的建设与维护当做头等大事来做。

　　本书由选渠、开渠、护渠3篇组成，深入剖析并探讨了渠道结构设计、渠道成员选择、渠道产品线梳理、渠道价格引擎启动、渠道终端铺货、渠道成员管理、渠道物流管理、渠道账款管理及渠道绩效评估等现实问题的实质，力图从全新的视角，为那些在渠道管理领域困扰营销总监很久的实际问题，提供一些实战经验与技巧，提供全方位、系统性的解决方案。

　　第1篇选渠，主要通过选择渠道讲述了渠道设计准备的4个步骤和分销渠道结构的构建；选择渠道成员阐明了如何界定渠道成员的角色，如何筛选渠道成员，以及选择经销商应注意的4个问题。

　　第2篇开渠，是全书的重点。其中，梳理渠道产品线讲述了如何突出渠道的竞争优势，如何将新产品纳入渠道成员的经营组合，以及如何制定产品线经销政策等；启动渠道价格引擎主要从分析价格结构、制定价格方法和定价策略3个方面来介绍；抢滩登陆渠道终端包括终端铺货的步骤、化解铺货阻力的方法以及铺设渠道应注意的细节 3 个方面来阐述。

第 3 篇护渠，包括渠道成员管理、渠道物流管理、渠道账款管理和渠道绩效评估等内容。

本书的特点主要体现在以下方面。

1. 指导性强。它更多地立足于本土实践，将渠道经营与管理最重要的 3 个方面——选渠、开渠、护渠系统集成，使之互相倚重、浑然一体。而这 3 个篇章的内容也形成了从渠道的定位设计、协调运营到稳定维系的完整操作链。

2. 时效性强。本书简洁生动，便于快速查阅和轻松阅读，去除冗余、条分缕析，能使读者在短时间内充分理解渠道问题的实质，并抓住渠道问题的脉络和精髓，满足了时效化管理这一需求。

3. 可操作性强。本书从实战出发，收集了许多简单实用、拿来就用的工具和表格，以及大量富于启发性的案例、可直接操作的实战技巧、完整详细的操作流程等，方便营销总监自学、自审、自查、自诊，对渠道建设、管理与维护过程进行自助式操盘。

4. 启发性强。本书放弃了一些常规的理论性阐述，但又保留了一定的理论比例，注意将理论和实际紧密结合，并辅之以启发式的案例讨论、思考等，试图让读者感受到一种新鲜、实用的"渠道冲浪"的感觉。

本书主要针对生产企业的营销总监、销售经理等中高层管理者研发，注重从理论和实践的双重高度来阐述如何打造最适合企业发展的销售渠道。

目　　录

第 1 篇　选渠——寻找最佳产品通道

第 1 篇

选渠——
寻找最佳产品通道

第 1 章

选对渠道，做好销售

销售渠道的选择，对生产企业、商业企业都是最复杂、最具有战略意义的问题，也是营销总监必须予以重视的大事。

营销总监对销售渠道的选择，一般包括两方面的内容：一是对渠道结构的设计与选择；二是对具体渠道成员，即中间商的选择。本章将重点讲述渠道设计准备的步骤和如何构建分销渠道结构两方面的内容。

1.1　渠道设计准备的 4 个步骤

✎ **本节要点**

1. 寻找和鉴别市场机会
2. 了解和分析消费者需求
3. 挖掘竞争对手的渠道软肋
4. 坚持四项基本原则，选择最佳渠道

1.1.1　寻找和鉴别市场机会

在设计渠道前进行深入的市场分析与研究，是规避渠道设计不当的最佳措施。通过系统化的市场分析，可以更深入地了解产业环境、目标渠道合作伙伴、竞争对手情况和企业自身竞争能力。在此基础上设计适合自己的销售渠道，可使目标消费者更便利地选购产品。

1．寻找市场机会

市场分析过程是一个寻找并确定市场机会的过程。寻找市场机会的方法包括以下方面。

① 在现有市场上挖掘潜力，指导现有的产品进一步渗透到目标市场上去，扩大销售量。

② 在现有的产品无潜力可挖的情况下，以现有的产品开发新的市场。

③ 在市场开发无潜力可挖时，考虑进行新产品开发。

④ 当产品开发潜力不足时，可根据自身资源条件考虑多元化经营，在多种经营中寻求新的市场机会。

最大范围地收集意见和建议是寻找和识别市场机会的关键。在此过程中，营销总监不仅要充分利用企业内部各个部门的人脉资源，而且要广泛利用企业外部的信息资源，对市场情报资料进行全面了解。同时，要注意和各方面（如合作伙伴、现有客户等）保持密切的联系，他们提供的信息往往更直接地反映了市场需求的变化，对这些意见进行归纳、分析可能发现新的市场机会。

市场分析的内容包括宏观市场环境与行业环境分析、行业合作伙伴分析、企业竞争能力分析等。

宏观市场环境与行业环境分析主要用于对企业渠道建设环境的综合评估，包括宏观环境、行业需求特征、行业供应特征、行业平衡、进入壁垒、价值链、行业业绩等分析项目，营销总监可以根据实际和所在地市场情况有选择地使用。

行业合作伙伴分析对建设销售渠道是比较重要的，所以营销总监对其 5 个大项、14 个小项的分析均应到位（见表 1-1）。

工具　行业合作伙伴分析

表 1-1　行业合作伙伴分析

项　　目	评估标准	综合分析
1．行业合作伙伴成长模式		
高度成长		
渐进成长		
维持稳定		
衰退		
2．行业合作伙伴规模		
强大的产品进货能力与销货能力		
足以承担商品与服务成本		
3．行业合作伙伴的财务状况		
财务状况良好		
财务状况不佳		
4．行业合作伙伴对产品的需求特性		
具显性需求		
具隐性需求		
仅低度相关		

续表

项　　目	评估标准	综合分析
5. 与行业合作伙伴合作的风险评估		
高度不确定		
模糊状态		
低不确定		

企业竞争能力分析主要用来评判营销总监的所在企业，有时候营销总监对所在企业的渠道开拓能力和潜质、时机并不是很了解。该分析共设 6 个能力大项，营销总监可根据自己所在企业的实际情况和渠道竞争实际情况，有侧重地选用（见表 1-2）。

表 1-2　企业竞争能力分析

企业竞争力评估		与竞争者 1 的优劣比较		与竞争者 2 的优劣比较	
		好/差	优势/劣势	好/差	优势/劣势
创新能力	研究与科技阵容				
	研究设施				
	应用开发力				
	专利权				
生产能力	生产设备能力				
	技术能力				
	生产管理能力				
	原料来源				
	品质				
财务能力	营运资本				
	流动资金				
	负债能力				
	融资能力				
管理能力	管理者的德与才				
	中层干部素质				

续表

企业竞争力评估		与竞争者 1 的优劣比较		与竞争者 2 的优劣比较	
		好/差	优势/劣势	好/差	优势/劣势
管理能力	基层人员素质				
	组织力				
	人事行政管理力				
	决策水平				
营销能力	市场研究能力				
	产品系统能力				
	物流能力				
	推广能力				
	销售据点开拓能力				
	销售渠道				
	服务力				
消费者能力	营销区域的规模				
	市场占有率				
	消费者接纳度				
	消费者忠诚度				

2. 市场机会鉴别

在挖掘出市场机会后，对市场机会进行鉴别就成了设计销售渠道的重要前提。市场机会鉴别的目的是判断该市场机会是否值得投入，赢利的可能性有多大，从而明确该采取何种渠道策略。

要使市场机会变成企业机会，该市场机会就必须与企业的目标相一致，同时企业也具有利用该市场机会的能力。因此，寻找和评估与企业目标相匹配的市场机会，是营销总监正确制定渠道经营战略的重要环节。

市场机会的价值大小，由市场机会的吸引力和可行性两方面决定（见图1-1）。

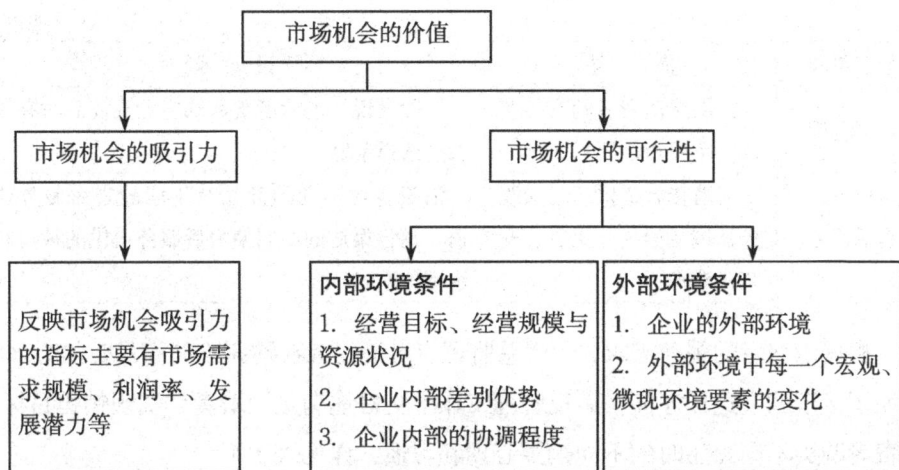

图 1-1　市场机会的价值鉴别

1.1.2　了解和分析消费者需求

营销总监之所以要设计一个合适的分销渠道，就是为了能顺利地完成销售目标，从而获取相应的利润。而要实现预定的销售目标，营销总监就必须以满足消费者需求为核心，来展开与渠道相关的各项工作。

1. 分析消费者的服务需求

营销专家菲利普·科特勒认为，消费者的服务需求主要有 5 项，详见表 1-3。

表 1-3　消费者的 5 项服务需求

服务需求	描　述	说　明
购买批量	消费者每次购买商品的数量	对于日常生活用品，团体消费者喜欢到仓储商店批发购买，而普通市民偏爱到大型超级市场购买。因此，购买批量的差异，要求企业设计不同的销售渠道
等待时间	消费者通过某个渠道收到货物的平均时间	消费者往往喜欢反应迅速的渠道
出行距离	消费者到商品销售地点的距离	消费者更愿意在附近完成购买行为。但不同的商品，人们所能接受的出行距离是不同的

续表

服务需求	描　述	说　明
选择范围	提供给消费者的商品花色、品种和数量	一般来说，消费者更喜欢在购买商品时有较大的选择余地
售后服务	为消费者提供的附加服务，包括信贷、送货、安装、维修等	消费者对不同的商品有不同的售后服务要求，销售渠道的不同使售后服务提供的种类和水平也不同

根据消费者的服务需求，营销总监还应对消费者在购买不同商品时的心理和习惯了然于胸，这样才能在渠道管理工作中更好地满足消费者，实现销售目标。消费者购买不同商品时的不同购买心理和习惯，详见表 1-4。

表 1-4　消费者购买不同商品时的不同购买心理和习惯

商品种类	购买频率	购买努力程度	选择商品标准	对价格要求	对质量要求	购物距离
食品、副食	多	比较努力	新鲜安全	便宜	一般	近
日用百货	较多	不太努力	便利耐用	比较便宜	一般	较近
衣着用品	稍少	努力	新潮舒适	质价相符	较高	稍远也行
高档专用品	少	相当努力	称心如意	质量重于价格	高	不在乎远近
流行商品	通常为一次	非常努力	符合潮流	对价格不敏感	不太高	多远都行

2. 消费者渠道偏好调查

最好的消费者渠道偏好调查，应涵盖不同细分市场的客户，营销总监可以利用表 1-5 的问卷来弄清消费者最偏爱的购买渠道。

表 1-5　消费者渠道偏好调查表

渠　道	曾经采用的购买方式	会采用的购买方式	可能会采用的购买方式	绝不会采用的购买方式
销售代表				
电话				
互联网				

续表

渠　　道	曾经采用的购买方式	会采用的购买方式	可能会采用的购买方式	绝不会采用的购买方式
分销商				
零售商店				
邮购				
超市				

此外，营销总监还可以向消费者了解一些他们对渠道趋势的看法，并分析一下已存在的客户购买方式等。这可以通过考察现有客户、考察竞争对手客户和考察产业外客户3个方面来实现。

3．监控消费者购买行为的变化

营销总监通过各种方式和渠道，随时监控、掌握消费者购买行为和准则的变化，以便找准其准确需求。例如，以前用户不会通过互联网和超市购买高端服务器，但随着他们对产品的认知和了解程度的提高、对技术程度把握的加深，其购买行为也在慢慢发生改变，去网上和超市选购的情形也多了起来。如果营销总监忽略了这一变化，那就可能丢失一大片市场。

4．提供灵活的渠道选择

不同消费者的购买准则各有侧重，所以应该为他们提供不同的选择。例如，对于 PC 购买者来说，看重品牌和售后服务的消费者愿意到商场购买，而重视价格的人会愿意到电子市场中去讨价还价。所以营销总监应针对不同的目标消费群体，设计不同的渠道。

总之，营销总监应将消费者需求与渠道设计结合起来考虑，这是保证渠道战略成功的基础。

1.1.3　挖掘竞争对手的渠道软肋

企业的渠道设计尽管是一项长期性的系统工程，但也存在一种最简捷的渠道设计方法，那就是发现竞争对手的渠道软肋，从而设计出相应的渠道结构，达到有效抑制对手、实现自身长远发展的目的。

戴尔电脑就印证了这一结论。戴尔每年 800 亿美元的销售额来自戴尔的一个灵感，即改变过去那种通过零售渠道销售个人电脑的做法，直接面向消费者销售，并按订单组织生产，从而创造出一种全新的生产和销售个人电脑的短、平、快渠道。

那么，如何发现竞争对手的渠道软肋？通常的方法是先开展详细周密的市场调研，然后再认真地分析，但这往往需要大量的时间、人力和财力。在现实的操作中，只要营销总监能掌握住 3 个时机，就可以更为简捷、快速地发现竞争对手的渠道破绽。发现竞争对手渠道破绽的 3 个最佳时机，如图 1-2 所示。

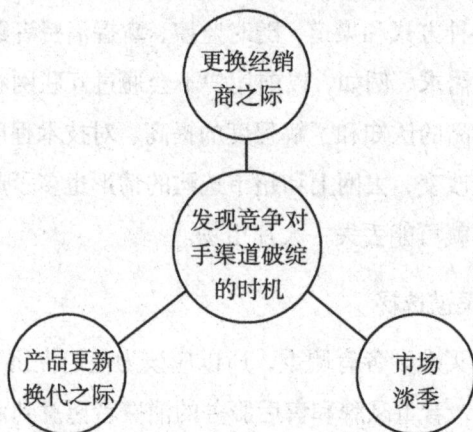

图 1-2 发现竞争对手渠道破绽的时机

1. 产品更新换代之际

每种产品都有一定的生命周期，即使是最畅销的名牌产品也不能逃脱这个规律。因此，不少企业在产品还处于成熟期的时候，就会先推出一些换代产品以期望平稳过渡。但由于消费者对新产品的接受有一定的过程，因此，在此新旧产品交替之际，往往也是一个进入竞争对手市场的有利时机，营销总监应学会乘虚而入。

1985 年 4 月 23 日，可口可乐在纽约宣布更改其行销 99 年的饮料配方，并由此陷入了商业史上无出其右的品牌忠诚旋涡，许多消费者和渠道经销商都表示反对。作为老对手的百事可乐，趁机宣称既然新可乐的口味更像百事了，那么可口可乐的消费者不如直接改喝百事算了。

百事可乐趁可口可乐新产品推广之际，通过一系列的市场运作，大大拓展了销售渠道，抢占了不少可口可乐的地盘，使其市场占有率上升了 10%。

2. 市场淡季

每个行业都有淡季、旺季之分，这是市场规律作用的自然结果。在市场淡季，多数企业都选择偃旗息鼓。许多营销总监也只是对销售工作或做些总结、计划，或培训一下销售人员，甚至放任自流。这些做法和态度都是不正确的。殊不知，淡季不淡，反而正是营销总监带领销售人员开拓市场、超越竞争对手的良机。

3. 更换经销商之际

抓住经销商就抓住了渠道，对此众多营销总监深有体会。因此，经销商的实力及能力就成了许多营销总监选择渠道成员的首要条件。但是，由于这些条件具有一定的相对性，会随着时间变化，且经过一段时期的磨合，经销商与生产企业之间可能由于种种矛盾而分道扬镳。所以在竞争对手更换经销商之际，也是寻找竞争对手渠道软肋的有利时机。

A 公司是一个原本名不见经传的小型食品公司，其主要产品是饼干等小食品。该公司想要开发肥城市场，却发现这里已经被一家大型食品公司 B 公司先拔头筹。

A 公司发现 B 公司尽管规模较大，但也是后来才占据肥城市场的，而且所占市场份额并不稳定。主要原因是由于 B 公司曾经是外来户，在一开始进入市场时很难找到一家合适的经销商，只好退而求其次，先找了一个一般的经销商。该经销商与厂家共同努力，一年以后 B 公司的产品面市率达到 90% 以上，市场占有率达到 30%，成为当地人眼中的知名品牌。但这时厂家和经销商之间的矛盾出现了，于是已经底气十足的 B 公司换掉了原有的经销商，寻找到了一个更大的经销商。

得知这个情报的 A 公司迅速找到 B 公司原来的经销商，借由该经销商对 B 公司的不满，使其很容易就答应了代理 A 公司的产品。因为该经销商在做弱势产品的渠道上比较有经验，所以 A 公司迅速地在肥城市场分得了一杯羹，并成了 B 公司的有力竞争者。

要挖掘竞争对手的渠道软肋，就不要将太多的精力浪费在与竞争者争夺既有的有限渠道上，而是要在第一时间找到竞争对手的薄弱环节。竞争对手更换经销商之际，正是渠道矛盾加剧之时。只要抓住机会，就能以逸待劳，起到事半功倍的功效。

1.1.4 坚持四项基本原则，选择最佳渠道

营销总监在选择渠道时，都以选出最佳渠道作为其目标，因为这样才能更快、更多地卖出商品，提高消费者满意程度，为企业带来更多的收益。这就要求营销总监在渠道选择过程中，应坚持表 1-6 所示的原则。

表 1-6　渠道选择的基本原则

原　则	说　明
畅通高效	这是渠道选择的第一原则。畅通的分销渠道应以消费者需求为导向，将产品尽快、尽好、尽早地通过最短的路线送达消费者方便购买的地点
适度覆盖	营销总监应深入考察目标市场的变化，及时把握原有渠道的覆盖能力，并审时度势，对渠道结构做出相应调整，勇于尝试新渠道
稳定可控	营销总监一般不应轻易更换渠道成员，更不应随意转换渠道。只有保持渠道的相对稳定，才能进一步提高渠道的效益
发挥优势	营销总监在选择分销渠道时，为了争取在竞争中处于优势地位，要注意发挥自己各方面的优势，将渠道结构的设计与渠道产品策略、渠道价格策略、渠道促销策略结合起来，增强营销组合的整体优势

案例讨论　A 企业淡季渠道设计之道

A 企业是新泰市一家纯净水厂，生产的一系列瓶装水在夏季由于竞争激烈，销售很不理想，销量连续下滑，陷入了通常所谓的销售淡季。

新营销总监上任后，利用新泰市的地理优势，开创了几条特殊渠道。

首先，成立洗浴、桑拿推广小组，专门进行洗浴中心、桑拿中心的铺货及渠道维护工作，并制作一批宣传画贴在这些门店；同时购买大量杂志免费赠送给洗浴、桑拿中心。通过一系列营销推广，该企业的瓶装水在新泰市的洗浴中心、桑拿中心的指名购买率达到了 90%。

其次，以扶持当地企业为由游说政府相关部门，使该企业的瓶装水以零费用进入汽车站、火车站各网点，同时取代其他瓶装水成为长途汽车的供应水。

这样，通过在淡季市场开拓全新的销售渠道，该营销总监成功地将该企业引上了一个高速发展的轨道。

案例提示

企业分销渠道的选择应从自身产品的实际情况出发，同时要充分考虑竞争对手的情况：如果与竞争对手的实力相近或强于竞争对手，就要以公开的方式竞争，以实力在竞争中胜出；如果竞争对手的实力很强，则应避其锋芒，在竞争对手未涉足的市场空白点，另辟渠道。

讨论题目

1. 分析该企业淡季不淡的渠道开拓之道对你有什么启发？

2. 结合本节内容，谈谈竞争对手企业的渠道软肋，从中是否能发现企业的渠道市场机会？

？ 思考

1．请对你所在企业的行业营销环境、行业合作伙伴和企业竞争能力进行分析，评估现有渠道竞争优势和劣势。

2．请你谈谈对"渠道设计必须以消费者需求为核心"的认识。

1.2 5 步构建分销渠道结构

✎ 本节要点

1．识别渠道设计决策的需求

2．建立和协调分销目标

3．明确所有的渠道任务

4．设计可行的分销渠道结构

5．遴选最佳渠道结构方案

1.2.1 识别渠道设计决策的需求

销售渠道设计通常包含两种状况：一种是设计全新的渠道结构，另一种是对已有的渠道结构进行再设计。营销总监往往需要在渠道设计前，对这两种选择进行识别、甄选。识别渠道设计决策的需求是一项重要的前期工作，只有明确了企业渠道是否需要设计或改变，才能进行渠道设计工作。识别渠道设计决策需求的方法具体如表 1-7 所示。

表 1-7 识别渠道设计决策需求的方法

识别方向	具体方法	说　明
从企业内部识别	开发新产品或产品系列	当企业开发新产品时，如果营销总监发现现有渠道不适合新产品销售，那就需要设计新的渠道或对现有渠道结构进行调整

续表

识别方向	具体方法	说　明
从企业内部识别	为现有产品确立新的目标市场	企业将已有产品开始投放到新定位的目标市场时，营销总监要根据渠道管理中的检查和评估情况，发现渠道设计需要改进的需求
	建立新企业	从头开始建立新企业，或建立兼并或购置后的新企业，一般需要营销总监重新设计渠道
从企业外部识别	分销商的改变	如果分销商开始强调自己的品牌，那么营销总监就可以寻找其他更能积极推介产品的新分销商
	遇到渠道冲突	在某些情况下，若企业失去分销商的支持，或者与中间商沟通困难，营销总监都可能考虑重新设计渠道
	目标市场变化	随着市场环境的变化及整体市场的不断细分，原有渠道已不再能达到生产企业对市场份额及覆盖范围的要求，营销总监应及时把握原有渠道的覆盖能力，对渠道结构做相应调整
	商业经营业态的发展	商业经营业态的发展迫使营销总监考虑选择更有效的分销商类型
	针对大环境的改变做出渠道结构的调整	大环境的改变往往对企业有深刻的影响。营销总监需做好这方面的调查识别，以便帮助企业设计或调整渠道，防范风险

　　固特异是举世闻名的轮胎生产企业，它之前所有的分销渠道都是专业的轮胎经销商，不会在其他渠道销售。然而，为了进一步扩大市场，满足消费者购买更便利的要求，固特异决定授权西尔斯、沃尔玛这样的大型零售商及轮胎折扣商店销售其轮胎。虽然这样做短时间内触犯了经销商的利益，甚至引起双方对簿公堂，但从长远发展看，这种做法适应了时代的发展，符合固特异的战略需求。固特异认为，市场环境在飞速变化，原有的渠道已经无法满足企业市场覆盖能力的要求了，所以它宁

可付出很大的代价对原有经销商做出让步，也仍然要坚持采用新渠道。同时，这种做法也摆脱了对原有经销商的过分依赖。

尽管表 1-7 的内容并不能囊括所有需要改进或重新设计渠道的情况，但它们概述了需要营销总监做出渠道设计决策的最普遍情况。

1.2.2　建立和协调分销目标

在需要做出渠道设计决策这一阶段，企业的分销目标往往尚未明确确立。尤其是改变后的形式在需要营销总监做出渠道设计决策的同时，也会要求营销总监确立新的或改进后的分销目标。因此，营销总监应该仔细审核企业的分销目标，判断是否需要添加新内容。同时，也要判定该分销目标是否与营销组合中其他领域（产品、价格和促销）的分销策略与目标相一致，是否与企业的整体目标和策略相一致。

1. 熟悉目标与策略

营销总监应该熟悉营销组合中其他市场营销以及企业的目标、策略，以及企业其他相关的目标与策略。

2. 设立明确的分销目标

营销总监应确立分销目标并对其进行明确的阐述。分销目标从根本上反映了分销应在达成企业整体市场目标过程中所起的作用。

IBM 公司原先对其个人电脑产品所设立的分销目标是利用零售商向其区域范围内想要购买电脑的客户展示其产品。后来 IBM 决定使用邮购渠道，这使得分销目标得以扩展至"直接向消费者提供 PC 产品，无论他身在何方"。

3. 审查协调性

渠道设计过程中的协调性审查包括，证实分销目标与企业市场营销组合中其他领域（产品、价格和促销）的目标以及企业的整体目标与策略不相冲突。为了做好这项审查工作，营销总监应仔细考察企业中各类目标与策略间的等级关系（见图 1-3）。

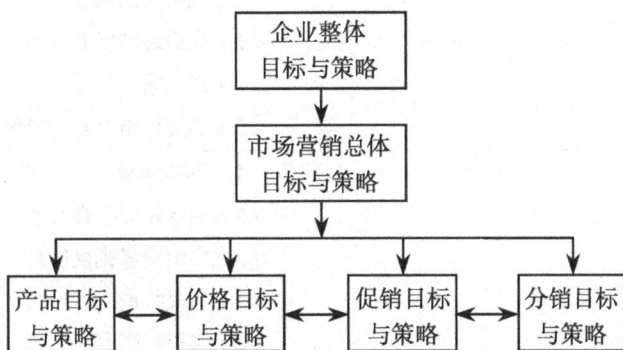

图 1-3　企业中各类目标与策略间的等级关系

在图 1-3 中，构成营销组合的 4 类组成部分的目标与策略彼此之间以双向箭头连接，这意味着这些领域存在着相互作用。因此，其中任何一个领域的目标和策略都应与其他领域相协调。例如，在产品领域中强调高质量的目标会同时要求确立一定的价格目标，以承担因产品创造和提高其质量形象而造成的高成本。促销目标也会因此而侧重于向目标市场着重介绍产品的高品质。与此同时，分销目标应确立为：在目标客户可能购物的各类市场网点中，及时、便捷地供货。

1.2.3　明确所有的渠道任务

分销目标设立并协调后，接下来就必须执行一系列的分销任务。因此，营销总监应该将所有任务都明确化。

渠道任务主要包括：推销、渠道支持、物流、产品修正与售后服务以及风险承担。营销总监必须将这些渠道任务合理地分配给各渠道成员。渠道任务的具体内容如表 1-8 所示。

表 1-8 渠道任务的具体内容

渠道任务	具体内容
推销	（1）新产品市场推广 （2）现有产品的推广 （3）向最终消费者促销 （4）建立零售展厅 （5）确定价格谈判与销售形式
渠道支持	（1）市场调研 （2）地区市场信息共享 （3）向消费者提供信息 （4）与最终消费者洽谈 （5）选择经销商 （6）培训经销商的员工
物流	（1）存货 （2）处理订单 （3）运输产品 （4）与最终消费者进行信用交易 （5）向消费者报单 （6）处理单据
产品修正与售后服务	（1）提供技术服务 （2）调整产品以满足消费者需求 （3）产品维护与修理
产品修正与售后服务	（1）处理退货 （2）处理取消订货
风险承担	（1）存货融资 （2）向最终消费者提供信用 （3）仓储设施投资

1.2.4 设计可行的分销渠道结构

在设定好为达到分销目标所需要完成的各项具体任务之后，营销总监应考虑分派这些任务的方法，即设计可行的分销渠道结构。

渠道结构设计一般包含以下 3 方面。

1．设计渠道长度

渠道的长度即我们通常所说的渠道层次，一个渠道的层次至少是 0 层，即生产商→消费者，多者达到 3 层甚至更高。图 1-4 展示了渠道长度结构的几种类型。

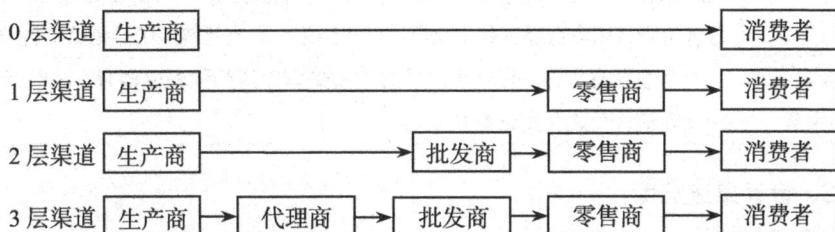

图 1-4　渠道长度结构类型

渠道层次较多称为长渠道，反之则称为短渠道。长渠道与短渠道各有其优缺点（见表 1-9）。

表 1-9　长渠道与短渠道优缺点比较

渠道类型	优　点	缺　点
长渠道	1．扩大市场覆盖面 2．企业可将中间商的优势内化为自身优势 3．减少企业费用支出	1．企业对渠道的控制度下降 2．服务水平的差异性较大 3．加大对中间商进行协调的工作量
短渠道	1．企业对渠道的控制程度较强 2．较适合专用品、时尚品及消费者密度大的市场	1．企业承担大部分或者全部渠道功能 2．市场覆盖面不大

企业是选择长渠道还是短渠道，营销总监应综合考虑表 1-10 的限制性因素后，再做决定。

表 1-10　企业选择渠道需要考虑的限制性因素

限制性因素	说　明
市场因素	当市场的容量大、市场比较分散、每次购买的量少、商品没有季节性或市场竞争不太激烈时，一般就适合使用长渠道；反之，就应使用短渠道

续表

限制性因素	说　明
产品因素	1. 当产品昂贵、技术复杂、服务要求高、体积大、分量大、易损、易腐、款式不新或为标准品时，一般就适合使用长渠道；反之，就应使用短渠道 2. 新产品投放市场时，如果新产品仅仅是本企业的更新换代产品，一般可利用原有产品的销售渠道；如果新产品是本企业创新产品，为了迅速打开销路、占领市场，则应选择有利于竞争的销售渠道，并支付较多的推销及广告费用
企业自身的因素	当企业享有盛誉、资金雄厚或有控制销售渠道的强烈愿望时，一般就会使用短渠道；反之，则选择长渠道

2. 设计渠道宽度

渠道的宽度即我们通常所说的渠道各层次中使用同种类中间商的数量。若生产企业选择较多的同类中间商经销其产品，则这种产品的分销渠道称为宽渠道，反之则称为窄渠道。渠道宽度结构类型主要包括密集型、独家型及选择型3种。三者的优缺点，见表1-11。

表1-11 密集型、独家型及选择型渠道结构的比较

类　型	含　义	优　点	缺　点
密集型	尽可能地通过更多的中间商经销企业产品	市场覆盖率高	1. 市场竞争激烈，导致市场混乱，破坏了企业的营销意图 2. 渠道管理成本较高
独家型	在特定地区仅选择一个中间商作为总经销、总代理	1. 市场竞争程度低 2. 企业与经销商关系较为密切	1. 因缺乏竞争，消费者的满意度可能会受到影响 2. 经销商对企业的反控力较强
选择性	按照一定标准，从入围者中选择一部分作为中间商	通常介于独家型和密集型渠道之间。选择型渠道多适用于消费品中的选购品和特殊品、工业品中的零配件等	

分销渠道宽度的选择主要取决于产品性质、市场特征等限制性因素，并且需

要与企业整体分销战略相一致。具体内容如图 1-5 所述。

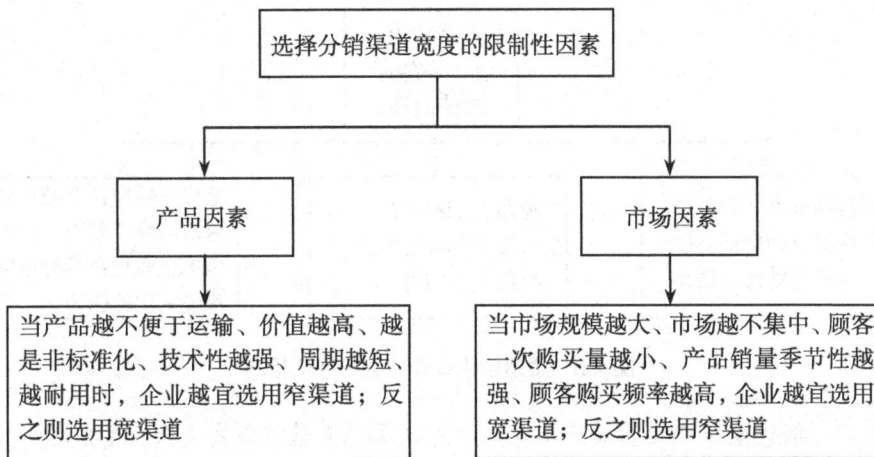

```
┌─────────────────────────────────┐
│      选择分销渠道宽度的限制性因素      │
└─────────────────────────────────┘
        │                    │
  ┌──────────┐         ┌──────────┐
  │  产品因素  │         │  市场因素  │
  └──────────┘         └──────────┘
        │                    │
```

当产品越不便于运输、价值越高、越是非标准化、技术性越强、周期越短、越耐用时，企业越宜选用窄渠道；反之则选用宽渠道	当市场规模越大、市场越不集中、顾客一次购买量越小、产品销量季节性越强、顾客购买频率越高，企业越宜选用宽渠道；反之则选用窄渠道

图 1-5　选择分销渠道宽度的限制性因素

3. 设计渠道广度

渠道的广度指生产企业的产品需要经过几种类型的渠道。渠道广度结构类型主要有两种：一条渠道，指生产企业仅利用一条渠道进行某种产品的分销；多条渠道，指生产企业利用多条不同的渠道进行某种产品的分销。采用多渠道可以给企业带来许多好处：增加市场覆盖面，如增加乡村代理商开拓农村市场；降低渠道成本，如增加新渠道节省了费用。同时也有不利的一面：第一，两个以上渠道对准一个细分市场时，容易产生渠道冲突；第二，新渠道独立性较强，合作困难，不易控制。

在实际的分销渠道建立过程中，营销总监应多建立多渠道系统。

1.2.5　遴选最佳渠道结构方案

每一个渠道结构设计方案都可能是企业将产品与服务送达最终消费者的通路。营销总监所要解决的问题，就是从所有看起来似乎很合理但又大不相同的方案中评估选择出最能满足企业发展目标的一种。

渠道结构设计方案的评估标准有3个，具体如图1-6所述。

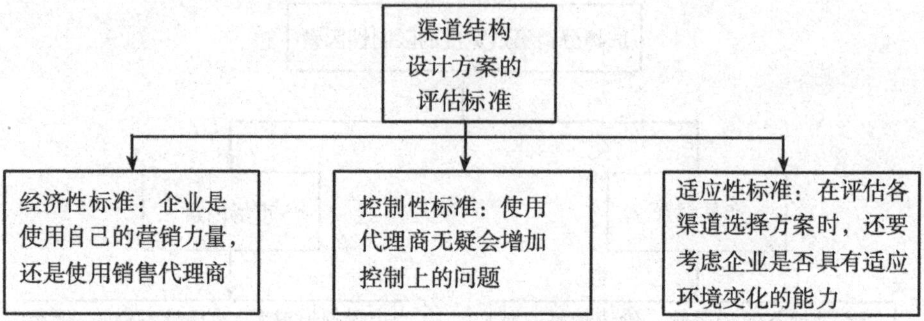

图 1-6　渠道结构设计方案的评估标准

假设某企业希望其产品在某一地区取得大批零售商支持，现有两种方案可供选择：一是向该地区的营业处派出若干名销售人员，除了付给他们基本工资外，还根据销售业绩付给佣金以资鼓励；二是利用该地区生产企业的销售代理商（该代理商已和零售商建立起密切联系），要求销售代理商派出若干名推销员，推销员的报酬按佣金制支付。

这两种方案可导致不同的销售收入、成本和效益。判断一个方案好坏的最终标准，要看是否能取得最大的利润。

当然，每个渠道方案都会因某些固定期间的承诺而失去弹性。当该企业决定利用销售代理商推销产品时，就要签订若干年的合同。这段时间内，即使采用其他销售方式会更有效，该企业也不得随意取消销售代理商，而要讲求信誉，按合同或约定执行，有问题公平、协商地解决。所以，对一个涉及长期承诺的渠道方案，营销总监只有在经济性、控制性及适应性等方面都很优越的条件下，才可以考虑。

工具　渠道结构设计的典型程序

作为一个营销总监，应该了解设计渠道结构需要经过哪几步，每一步应该怎么做等。请参见表1-12。

表 1-12　渠道结构设计的典型程序

步　骤	内　容	说　明
1	识别渠道设计决策的需求	营销总监要对不断变化的内外部条件密切关注，并且判定这些变化是否预示着必须进行渠道设计
2	建立和协调分销目标	分销目标必须与企业总的市场营销目标与策略以及企业的整体目标与策略相一致。为了确保这种一致性，营销总监必须仔细研究与分销目标有关的企业的其他目标与策略
3	明确所有的渠道任务	为了将分销目标具体化，营销总监必须将每种相关的任务尽可能详细地加以阐述
4	设计可行的分销渠道结构	渠道结构必须按以下 3 个方面加以具体化：长度、宽度和广度
5	遴选最佳渠道结构方案	从严格意义上讲，选出真正最佳的渠道是不可能的，但也的确存在一些能做出很好的渠道结构选择的方法，只要能兼顾经济性、控制性和适应性，那这种方法就是可行的

案例讨论　伊人净在上海的销售渠道结构设计

海南伊人生物技术有限公司（以下简称伊人公司）生产的伊人净，在上海市场推广的起步时间为 2001 年 10 月下旬。进入 2002 年，在化妆、保健、护理领域，伊人净已经成为继可采之后上海市场的又一个亮点。

伊人净是泡沫型妇科护理产品，剂型新颖，使用方便，但与传统的洗液类护理产品不同，首次使用需要适当指导。

上海市健康产品主要的销售渠道为药店、商场、超市（含大卖场）和便利店。其中药店多为柜台销售且营业员一般具有一定的医学知识。一直以来，药店都是以国营体制为主，资信较好且进入成本不高，分布面也比较广泛。商场、超市和大卖场蓬勃发展，在零售业中日渐处于主导地位，但其进入成本比较高，结款困难且多为自选式销售，无法与消费者进行良好的沟通。便利店因营业面积小而以成熟产品为主。

伊人公司的营销总监综合考虑上述情况后，设计了合适的销售渠道。伊人净快速进入市场，成为女性日用生活的必需品，从而改变了中国女性传统的清水清洗和洗液清洗的习惯。

案例提示

渠道结构的设计只有充分考虑各种限制性因素，才能制定出适合产品或服务特性的销售渠道，促使组织营销目标的实现。

营销总监应从下述4方面考虑销售渠道设计的限制因素：

（1）考虑产品或服务的不同特点，如产品概念、定价、目标人群、使用方法等；

（2）考虑现有渠道的特性，如进入成本、商业信誉、专业程度等；

（3）考虑销售地区的经济环境，如人均收入、景气指数等；

（4）考虑组织的营销规划，如销售预算和销售目标等。

讨论题目

1. 分析伊人公司的渠道结构设计必须体现哪些方面的限制性因素。

2. 结合伊人净产品的特性、相关产品的渠道分析和伊人公司的营销目标，谈谈伊人公司适宜采用何种渠道结构设计。

3. 自己查阅资料，弄清在实际操作中，伊人公司采用的是哪种渠道结构设计，并谈谈你对伊人公司这种渠道结构设计的看法。

思考

1. 在本章中我们列举了一些可能会产生渠道设计决策需求的情况，请列举一些其他情况。

2. 结合你现在的实际情况，讨论你在试图选出最佳渠道结构时存在的困难及解决之道。

本章小结

本章主要介绍了如何为渠道设计做准备及如何构建分销渠道结构。

渠道设计准备是设计分销渠道的基础，它需要经过 4 个步骤——寻找和鉴别市场机会；了解和分析消费者需求；挖掘竞争对手的渠道软肋；坚持四项基本原则，选择最佳渠道。

构建分销渠道结构是渠道设计的核心，它需要识别渠道设计决策的需求；建立和协调分销目标；明确所有的渠道任务；设计可行的分销渠道结构；遴选最佳渠道结构方案。经过了这 5 个步骤，就可以构建起适合企业需求的最佳分销渠道。

第 2 章

选择渠道成员

　　销售渠道成员的选择，是一个双向互动的过程。它包括生产企业和中间商互相选择和被选择的过程。

　　选择什么样的中间商作为合作伙伴，直接影响到企业的产品是否能够及时、准确地转移到消费者手中；影响到企业的分销成本和服务质量；影响到营销总监销售目标的实现；影响到产品及企业在消费者心目中的形象。因此，对于营销总监来说，销售渠道成员的选择必须严格、谨慎，必须与企业自身的渠道设计一脉相承。

2.1　渠道成员角色定位

✐ 本节要点

1. 渠道成员的类型
2. 中间商的角色
3. 中间商的类型

2.1.1　渠道成员的类型

销售渠道是由一系列相对独立的环节构成的营销链，不同的环节在渠道中扮演着不同的角色，承担着不同的功能，各个环节之间的密切衔接造就了渠道的快捷与顺畅。典型的销售渠道由生产企业、中间商、消费者以及相关辅助机构组成，其涵盖对象及功能见表 2-1。

表 2-1　销售渠道涵盖对象及功能

渠道成员类型	功　能	涵盖对象
生产企业	1. 为渠道提供作为交换对象的产品或服务 2. 销售渠道的主要组织者 3. 渠道创新的主要推动者	——
中间商	1. 渠道功能的重要承担者 2. 提高渠道效率和效益 3. 协调渠道关系的重要力量	代理商、经销商（批发商、零售商）
消费者	1. 渠道的终端 2. 渠道服务的最终受益者 3. 渠道建设效果的最权威评判者	——
辅助机构	1. 为商品交换提供便利 2. 为提高商品交换的效率提供帮助	物流企业、咨询企业、广告企业及承担商品保险的保险企业等

本章所讲解的销售渠道成员选择，主要是从生产企业的角度出发，告诉生产

企业的营销总监，如何从众多相同类型的中间商中做出适合企业自身渠道结构的选择。

2.1.2　中间商的角色

中间商是一种中介，它之所以能够存在并发展，其根本原因是中间商能够以较低的成本将生产企业的产品迅速推向市场，并且占领市场。

1. 角色定位

（1）从生产企业角度来看

① 中间商是生产企业开拓市场的"敲门砖"。生产企业的产品在上市之前，也许营销总监已做过大量的市场调查，但中国地域辽阔，经济发展不平衡，营销总监也不可能对所有的细分市场都了解。若利用中间商进行试销，销售情况不好，可以迅速转移投资；若销售量显示出强大的市场潜力，营销总监则可以加强对中间商的支持和管理力度，或者自建销售网络，迅速抢占市场。

世界著名饮料霸主可口可乐最初开拓市场时，就是充分利用中间商试销的方式，后来发现市场潜力巨大，就自己建立了销售企业。

② 中间商是生产企业的"销售经理人"。中间商通常对其经销区域的市场十分熟悉，有较好的经营实力、人力、物力等优势，能够利用自己成熟的客户网络，迅速打开市场。并且，中间商对客户的信誉状况也比较了解，能帮助生产企业得到更多的订单，并安全收回货款。这对生产企业的营销总监来说，是非常重要的。

（2）从消费者角度来看

中间商是消费者和生产企业间的沟通桥梁。销售生产企业的产品固然是中间商的责任，但中间商销售产品的一个基本原则就是所销售的产品是消费者所需要的产品。从这种意义上讲，中间商可以说是"消费者的购物代理"。因此，从中间商那里，营销总监可以得到更多的消费者信息，为下一步的生产和销售提供参考依据。

2．中间商与生产企业的关系

生产企业与中间商之间主要是竞争和合作的关系。

对生产企业而言，中间商的网络、人力、资金可给生产企业带来"产品低成本进入市场，创造销量和利润"的效益。这时候，生产企业会把中间商看做自己的子系统，试图建立一个伙伴关系，相互配合、密切协作、共同运作市场，把市场做大，并把所得利益与中间商合理分配，共同获利。在这个过程中，中间商则可以借助生产企业的产品得到更大的销售网络，更好的销售管理经验，赚取更多的利润。这样就形成一种双赢的局面，必然会加强双方合作。营销总监对于这种关系也要重视并善加利用。

因此，中间商充当了多种角色，关于这些角色的表现及对本企业的作用，营销总监应该心中有数（见表 2-2）。

表 2-2　中间商的角色和作用

中间商的角色	对生产企业的作用
敲门砖	帮助生产企业进行试销，降低市场风险
销售经理人	生产企业的一线销售代表
消费者的购物代理	帮助消费者选择商品，为生产企业反馈市场信息
合作伙伴	相互配合、密切协作、共同运作市场，构建双赢的局面
竞争对手	若经营理念相悖，则中间商可能自立门户，成为生产企业的竞争对手，造成负面影响

尽管生产企业与中间商相互依存，但营销总监应该记住一个事实，那就是它们二者并不能合而为一，它们仍然是各自独立的经济实体，为了自身利益最大化必然讨价还价。这样就不可避免地产生种种矛盾和竞争。尤其是那些具有很强实力的中间商，当它们对生产企业的依存度降低时，往往会和生产企业的想法、做法相悖，从而成为生产企业的竞争对手。因此，生产企业的营销总监既需要把中间商看成一块敲门砖和一名销售经理人，更要把它视为自己的竞争对手；要充分认识到中间商对自己的两面性，既要充分发挥其优势，又要很好地管理、控制中间商。

2.1.3　中间商的类型

根据不同的分类标准，营销总监可将中间商分成不同的类型。表 2-3 是有关中间商的分类，营销总监可适当了解。

工具　中间商分类表

表 2-3　中间商分类表

分类方法	类　型	说　明
是否拥有商品所有权	经销商	在从事商品交易活动中，拥有商品所有权的中间商就是经销商。经销商一旦购进商品，就得到了商品所有权，它们独立经营，承担市场风险。批发商和零售商都属于经销商
	代理商	接受生产企业委托，代销商品，然后按代销权提取一定比率报酬的中间商就是代理商。代理商既有从事批发业务者，也有从事零售业务者
在流通领域中的作用	批发商	1. 批发商业务量一般比零售商大，业务覆盖的区域也比较广 2. 批发商所处位置的交通和通信条件非常重要 3. 批发商采用的促销方式一般为人员促销，较少用广告或者根本不用广告 4. 批发商在其所经销的产品线内，通常经销多种品牌甚至所有同类企业相互竞争的产品
	零售商	1. 零售商进货大部分来自批发商，小部分来自生产部门 2. 零售销售网点应当接近居民消费者，分散于城乡人口集中区域 3. 在销售过程中，零售商借助商品陈列、展销宣传、营业推广等能够有力地促进商品销售 4. 在售前和售后，零售商承担存、运、调、加工、拆零、分包、分档商品的维护保养，以及分期付款等，既满足消费者的需求，又可弥补生产企业和批发商能力的不足 5. 零售商最了解市场动态情况，对消费者需求变化最为敏感

案例讨论 箭牌的分销渠道

箭牌是世界上最大的口香糖生产企业，每天都要生产数以百万计的口香糖，它生产口香糖的技术为艺术级的，而且它还是一个规模庞大、财政资源雄厚的企业。它把产品卖给遍及美国以及世界上其他国家的数以百万计的消费者。但是，箭牌却并没有想过要亲自把产品直接销售给最终用户，而是使用了许多不同的中间商（批发商和零售商）来完成这个任务。

案例提示

在大多数情况下，企业的销售工作必须借助中间商的力量，这主要与中间商在渠道中特殊的角色定位有关。

讨论题目

1. 你认为箭牌为什么不自己直接把产品销售给最终用户而要使用中间商呢？

2. 在企业销售渠道中，中间商的功能可以取消吗？中间商和企业之间应当保持一种什么样的合作关系？

思考

1. 你所在企业的销售渠道中，有哪些中间商？对它们进行一下分类。

2. 有人主张绕过中间商进行直销是最好的销售方式，你是怎么看的？

2.2 筛选渠道成员

本节要点

1. 筛选渠道成员的 4 大原则

2. 筛选渠道成员的 4 个步骤

2.2.1　筛选渠道成员的 4 大原则

对于营销总监来说，在进行渠道决策、选择渠道成员之前，首先确立一套选择的原则及标准至关重要。

1. 相互认同原则

这是筛选渠道成员最基本的原则。生产商与渠道成员之间的相互认同是合作的前提。营销总监在筛选渠道成员时，应选择那些认同本企业产品和理念的经销商，这会让接下来的合作更加顺畅。

2. 目标实现原则

这是筛选渠道成员最重要的原则。营销总监可通过检测渠道成员是否在目标市场拥有分销通路及销售场所，能否让本企业的产品迅速进入，以方便目标消费者可得、易得等，来确定可否与其合作。

3. 产品销售原则

这是筛选渠道成员最核心的原则。只有所选的渠道成员具有较强的销售能力，才能帮助营销总监完成销售目标。

4. 形象匹配原则

这是筛选渠道成员最普遍的原则。营销总监要注意使得渠道成员的形象和本企业的产品定位一致，尤其是高端品牌，更应重视渠道成员的形象。

2.2.2　筛选渠道成员的 4 个步骤

营销总监在筛选渠道成员时，一般需要经过如图 2-1 所示的 4 个步骤。

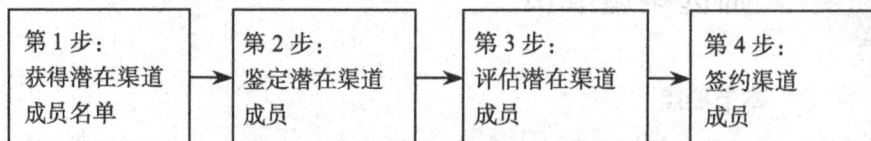

图 2-1　筛选渠道成员的 4 个步骤

第 1 步：获得潜在渠道成员名单

营销总监要想选择渠道成员，就要了解市场上有多少可供选择的企业，然后才能根据具体标准进行甄选。搜寻潜在渠道成员名单，可通过内部信息源，也可通过外部信息源，具体可选途径如表 2-4 所示。

表 2-4　潜在渠道成员的可选途径

可选途径	说　　明
购买数据库	从专业数据企业购买企业名录、企业黄页，从中筛选出合适的潜在渠道成员
网罗对手渠道	尤其是卖同类产品比较成功的渠道商，可帮助生产企业迅速打开市场
合作伙伴推荐	让合作伙伴提供相关的分销商信息，从中筛选合适的名单
企业内部人员推荐	企业销售人员平时与中间商接触较多，可提供一部分有资格作为渠道商的成员名单供营销总监参考；企业其他员工由于来自不同地区，也可能较了解当地情况，向营销总监做合适的推荐
行业协会、商会及出版物查询	从行业协会、商会中查询相关信息；也可从专业出版物、行业商业企业名录、企业电话簿等找到潜在渠道商名单
贸易展览或交易会	通过参加展览会或交易会，生产企业可以一次找到众多潜在渠道成员，获得大量潜在成员名单
征询分销商	从销售其产品的中间商中直接征询潜在分销商信息
消费者调查问卷	通过调查消费者，获得消费者期望的渠道成员名单
招聘广告	在行业出版物上发布广告、招聘，会得到许多对口的潜在渠道成员的征询，从而为营销总监选择渠道成员提供大量信息
网络途径	登录企业门户网站、大型行业网站、论坛等，都可能寻到合适的渠道成员

第 2 步：鉴定潜在渠道成员

营销总监在选择渠道成员前，需对其进行鉴定。要制定出详细的鉴定标准，用标准来衡量、选择渠道成员。大致来说，如表 2-5 所示的 7 点是营销总监必须关注的。

工具　渠道成员的资格鉴定表

营销总监可利用表 2-5 并对照说明，来鉴定一下潜在渠道成员是否有资格成为真正的渠道成员。

表 2-5　渠道成员的资格鉴定表

鉴定类别	鉴定内容	评　分
规模	1. 经销商店面规模	（　）
	2. 市场范围	（　）
	3. 必备的经营主设施（仓储、运输、网络知名度等）是否齐全	（　）
	4. 是否承受目前业务	（　）
	5. 客流量	（　）
	6. 交通储运能力	（　）
声誉	1. 同行及同业口碑	（　）
	2. 经销商及其合伙人口碑	（　）
	3. 生产企业的评价	（　）
	4. 卖场的评价	（　）
	5. 当地政府、工商、税务、银行、媒体的评价	（　）
市场销售能力	1. 经销商现经营品牌表现、铺货覆盖率等	（　）
	2. 批发阶次如何（几级批发机构），批发网络能否渗透到周边	（　）
	3. 经销其他品牌的产品能否到达目标卖场	（　）
	4. 批发、直销手段如何，能否控制价格	（　）
	5. 销售人员的素质	（　）
	6. 促销手段、政策、技术	（　）
	7. 综合服务能力——售后、技术、财务、运输、存储	（　）
产品线	1. 产品线数目	（　）
	2. 各产品线之间的组合关系，是竞争还是促销	（　）
	3. 销售产品质量是否和本产品相近	（　）
	4. 销售产品种类是否和本产品相近	（　）

续表

鉴定类别	鉴定内容	评　分
信用和财务能力	1. 注册资金、实际投入资金是否宽余	（　）
	2. 给生产企业的付款方式如何	（　）
	3. 资金周转率、利用率如何	（　）
	4. 放账的程度及银行贷款能力	（　）
	5. 税务方面是否守法	（　）
	6. 欠账的程度	（　）
管理能力鉴定	1. 渠道成员的管理阶层任职是否具有连续性	（　）
	2. 有无长期发展战略	（　）
	3. 员工是否齐心协力	（　）
	4. 对货物放账的处理方式	（　）
	5. 货物流向控制能力	（　）
合作意愿鉴定	1. 了解本企业情况	（　）
	2. 理解本产品特色	（　）
	3. 认同本企业理念	（　）
	4. 对产品的看法适合本企业产品市场开发思路	（　）
	5. 能提出中肯切实的意见	（　）

说明：标准共 7 大类，38 项；每项满分为 5 分。

总得分为 149～190 分，该潜在渠道成员优秀，应获得真正的渠道成员资格。

总得分为 112～148 分，该潜在渠道成员合格，可以根据分数高低及所需渠道成员人数，依次吸收成为渠道成员。

总得分低于 112 分，该潜在渠道成员不合格，应予以舍弃，另觅合适人选。

第 3 步：评估潜在渠道成员

运用得当的方法，可以帮助营销总监更科学地选择潜在渠道成员。选择渠道成员的方法很多，比较常用的有强制评分法、销售量分析法、销售费用分析法等。

（1）强制评分法

一家企业是专门制造洗衣机的，它决定在某市采用精选的一阶分销渠道模式，即生产企业直接把自己的产品销售给零售商，再由零售商卖给普通消费者的渠道模式。经过初步考察后，筛选出了 3 家比较合适的"候选人"。洗衣机企业希望选择的零售商能占有理想的地理位置，能有一定的经营规模，固定的消费者流量应该较大，在消费者心目中享有较高的声望和美誉度，能和生产企业融洽合作，能主动进行信息沟通，并能及时做好账款结算工作。可是，初步甄选出来的这些"候选人"，都在某一方面具有一定的优势，但没有一个能十全十美，完全符合该企业的要求。因此，洗衣机企业决定采用强制打分（见表 2-6）的方法，对各个"候选人"进行综合评价。

表2-6　强制打分法的应用

评价因素	重要性系数（权数）	"候选人"1		"候选人"2		"候选人"3	
		打分	加权分	打分	加权分	打分	加权分
地理位置	0.20	85	17	70	14	80	16
经营规模	0.15	70	10.5	80	12	85	12.75
消费者流量	0.15	90	13.5	85	12.75	90	13.5
市场声望	0.10	75	7.5	80	8	85	8.5
合作精神	0.15	80	12	90	13.5	75	11.25
信息沟通	0.05	80	4	60	3	75	3.75
货款结算	0.20	65	13	75	15	60	12
总　　分	1.00	545	77.5	540	78.25	550	77.75

注：加权分=打分×重要性系数

通过打分计算，从表 2-6 的"总分"栏可以看出，第二个"候选人"得到最高的加权总分，因而是最佳的"候选人"，该洗衣机企业应当考虑选择它作为当地的分销商。

（2）销售量分析法

通过实地考察分销商的消费者流量和销售情况，并分析其近年来销售额水平及变化趋势，在此基础上营销总监可对其实际分销能力进行估计和评价，然后选择最佳"候选人"。

（3）销售费用分析法

① 总销售费用比较法。营销总监应该优先选择执行分销中，销售费用最低的"候选人"。

② 单位商品销售费用比较法。单位商品销售费用越低，越是营销总监应该首先选择的分销商。

③ 费用效率分析法。费用效率=某分销商的总销售额（或总销售量）÷该分销商的总销售费用，所以费用效率越高，越是合适的潜在渠道合作者。

第 4 步：签约渠道成员

谈判并签约是营销总监选择渠道成员的最后一个步骤，也是关键的一步。营销总监与渠道成员谈判时，要注意：

① 对利益的描绘要具体、详细。

② 表达同舟共济的意愿。

③ 提供较多的激励措施。

④ 进行双赢论述。

营销总监在签订合同时一定要慎之又慎，因为一旦签约，便对双方具有法律效力。所以，合同的内容要详细、完整，切实保护双方权益，约束双方行为。

营销总监应如何对渠道成员的业绩进行评估呢？表 2-7 给出了具体的评估方法。

表 2-7　渠道成员业绩评估方法表

步　骤	方　法	说　明	评　分
1	将该渠道成员的销售绩效与上期的绩效进行比较	对低于该群体平均水平的中间商，必须加强奖惩措施。但若因一些可原谅的因素，如当地经济衰退，某些消费者不可避免地失去，主力推销员的失去或退休等，导致绩效下降，且可在下期补救，则生产企业不应对经销商采取任何惩罚措施	

续表

步　　骤	方　　法	说　　明	评　　分
2	将该渠道成员的绩效与该地区配额相比	在销售期过后，根据中间商实际销售额与其潜在销售额的比率，将各中间商按先后名次进行排列。这样，营销总监的调查与激励措施可以集中于那些未达既定比率的中间商	
3	评估销售量	销售量、开辟新业务的能力和承担责任的情况是 3 个最重要的指标，它们反映了中间商发展业务的能力、履行合同的情况	
4	评估该渠道成员开辟新业务的能力		
'5	看该渠道成员承担责任的情况		
6	看销售金额	销售金额是评估中间商市场推广能力的重要指标	
7	看该渠道成员为推动销售而投入的资源	主要用于检验中间商的合作态度是否积极和主动	
8	看市场信息的反馈	市场信息的反馈能力直接体现中间商的决策科学性，并影响其成长潜质	
9	看该渠道成员向消费者提供服务的情况	失去了消费者，就失去了一切。对于服务能力较差的中间商，即使与其建立了伙伴关系也于事无补	
10	看该渠道成员为本企业赚了多少钱，花了多少钱	这是检验中间商经营绩效的最重要指标。此指标有助于杜绝只赚取销售额而不赚利润的情况	

说明：1～10 题，水平为一般的打 6 分，水平较好的打 8 分，水平很好的打 10 分。将分数相加，得分 60 分以下的，便表明该渠道成员不合格；得分 60～70 分的，便表明该渠道成员勉强合格；得分 70～80 分的，便表明该渠道成员完全合格；得分 80～90 分的，便表明该渠道成员比较优秀；得分 90～100 分的，便表明你现在得到的是一个不可多得的优质渠道成员。

案例讨论　B食品企业对渠道成员鉴定的疏漏

小张是B食品企业的渠道管理副总，在企业产品的渠道销售中，30%的产品销售给方便食品店，20%的产品销售给联营商场和超级市场。小张认为，方便食品店的销量太低，应重新开拓新的方便食品店渠道，为企业产品拓展更大的生存空间。业务员小李被安排去负责此事，两个月后，小李向张副总提供了一份调查报告。该报告详述了主要渠道成员各个方便食品店的销售量、方便食品店在所在区域零售店中所占的份额、方便食品店推销员在方便食品的推销时间等信息。

小李最后得出的结论是：

（1）占销量30%的方便食品店，占到了零售店数量的50%。

（2）在推销时间方面，推销员用在方便食品店的时间和用在联营商场和超级市场的时间基本相等，各占50%。

（3）两年前，企业50%的销量是靠方便食品店完成的。

案例提示

渠道成员的鉴定工作是一项严谨而又复杂的系统工程，但很多企业的相关工作却很轻率，往往挂一漏万。就市场销售能力分析一项，企业要考察中间商的铺货覆盖率、批发阶次、批发网络的渗透力、批发或直销手段、价格控制力、综合服务能力等。

讨论题目

1. 该食品企业对渠道成员进行鉴定和评估，资料是否齐全？

2. 你认为造成上述结果的原因是什么？

3. 如果按照小李提供的报告进行渠道成员选择，可能造成哪些结果？

？思考

1. 结合实际，说一说如何做才能选择合适的渠道成员？

2．结合你现在的实际情况，为自己拟定一份渠道成员开发计划书。内容包括：你该如何获取需要的潜在成员名单，如何进行初次拜访与说服，如何将潜在成员变成既定成员，整体进程表，等等。

2.3 ● 选择经销商应注意的 4 个问题

本节要点

1. 双方满意为标，大小合适为准
2. 必要时得留一只眼睛向内看
3. 不能急功近利，眉毛胡子一把抓
4. 数量并非越多越好，也非越少越好

2.3.1　双方满意为标，大小合适为准

渠道成员的选择受到很多种因素的影响，但在很多时候，营销总监选择渠道成员几乎就是根据其规模大小来认定的。因为人们通常认为，组织越大、销售数量越多，就越有可能销售更多的产品。此外也有其他原因使营销总监将规模大作为选择渠道成员的一个重要标准。例如，大型的渠道成员更可能取得成功，更能赢利，具有更好的经营基础，能代理更好的产品线等。通常来说，看重规模有一定的道理，但是对生产企业来说，经销商实力太强并非好事。经销商实力越强，其分销资源与能力也就越强。如果经销商重视合作且企业产品是经销商经营的主流产品或获利产品，那选择实力强大的经销商是正确的。但是通常经销商实力太强时，其可以选择的企业范畴也多，经营的项目也分散，对生产企业的讨价还价能力也强，导致营销总监对其难以管理。

AQUA 化妆品企业想进入 A、B 两个市场，在对两地进行大量的综合调研后发现，A 市场的经销商是一个刚刚成立一年的专职营销企业。几个年轻的合伙人原来从事广告工作，资金比较紧张。目前仓库、办公

营业场地都是租赁的，但几个人都比较努力肯干。而 B 市场的经销商则是当地最大的百货企业，由几位经理承包经营，目前经销、代理十来个知名品牌化妆品。企业有专业的仓储、店面、运输车辆，年销售额近一个亿，在当地无人不知、无人不晓。

AQUA 企业仔细评估两地的经销商后决定都予以采用。但让生产企业没有想到的是，本来十分看好的 B 市场经销商，在合作半年后，其回款额却一直低于同期开发的 A 市场经销商。2006 年下半年，A 市场铺货覆盖率高达 95% 以上，回款 480 万元，B 市场回款仅为 120 万元。2007 年上半年，A 市场的回款额同期增长了 6%，而 B 市场却同期减少了 2%。

因此，营销总监寻找经销商时应遵循的市场规则是：双方满意为标，大小合适为准。这样就不会出现"店"与"客"相欺的情况，就像是买鞋：鞋大了，穿鞋的人走起来不舒服；鞋小了脚会很难受，路也走不好。

2.3.2　必要时得留一只眼睛向内看

不少营销总监在选择经销商时热衷于给它们打分，却忘记给自己打分。尽管在渠道成员选择中，营销总监占据主导地位，但营销总监在选择的过程中还是不能一味地两只眼睛同时向外看，必要时还得留一只眼睛向内看。这只向内看的眼睛，看的是表 2-8 内列的因素，它们也是衡量目标经销商资质的内部因素。

工具　衡量目标经销商资质的内部因素

表 2-8　衡量目标经销商资质的内部因素

衡量因素	说　　明
产品特性	例如，产品是日常消费品还是高档耐用品？是面向千家万户，还是关注特殊人群？目标消费者去哪里购买，等等
目标市场	例如，企业的产品是潮流、时尚的还是日常、易耗的？是主要销往大中城市还是普通农村？更适合保守的老年人还是求新的青年人，等等

续表

衡量因素	说　明
销售半径	例如，产品主要在本地卖还是销往全国？产品的物流、资金流、信息流易控还是难控？要控制这些因素，付出的代价是大还是小，等等
资金实力	例如，进入所选渠道的各种费用支付能否兑现？其资金结算速度是否在可承受范围内？现金会不会出现过紧的局面，等等
竞争态势	例如，产品在当地市场中处于何种地位？有哪些优势？竞争者可能在什么时候、哪些方面对本产品造成威胁？竞争者的进攻可能对销售渠道产生什么样的冲击，等等
环境因素	例如，本企业所选销售渠道是否合法？当地政府对本企业产品和行业是否扶植？当地有哪些渠道形式？商业规则是否完善成熟，等等

2.3.3　不能急功近利，眉毛胡子一把抓

很多营销总监太急功近利，招商时，只要是对企业产品感兴趣的商家一律抓过来谈代理、谈经销。他们认为招商成败的关键是看此次招商能吸引多少商家，而没有去认真考虑究竟有多少商家适合自己，这些商家是否与自己的市场开拓理念相一致，是否有培养或发展潜力。

如果只是单纯地考虑建立渠道，不考虑企业销售的良性发展，盲目地拓展经销商，这会给营销总监以后的工作带来很大阻力，增加企业的机会成本。

企业在招商时一定要慎重行事，选择适合企业自身发展需要的商家才是上上策。经销商选择的质量直接决定日后的市场发展，同样的产品、广告、促销、价格支持，这个经销商能把市场做得轰轰烈烈，那个经销商却可能把市场做成绝境。所以经销商的更换应慎之又慎，否则可能副作用极大。

因此，营销总监不要执著于招商的数量，而要看重其质量。营销总监在选择经销商时一定要慎重，不能急功近利，眉毛胡子一把抓。

2.3.4　数量并非越多越好，也非越少越好

很多营销总监片面地认为：经销商数目多，分销力量就相对强大；经销商数量

少，相对给经销商的经营区域扩大了，有利于提高经销商的经营积极性与主动性。其实这两种观点都是不正确的。

如果经销商区域市场容量不够大，选择的经销商数量多，使各个经销商的利益得不到保证，就容易导致"同室操戈"，或者会使相当多的经销商失去经营积极性，或者干脆放弃经营转向经营竞争对手的产品。同时，经销商选择数量太多，营销总监对经销商的统一性、规范性管理也难以实现或到位。

如果经销商区域太大，或者市场容量大、密度高、竞争强，选择的经销商数量太少就可能导致经销商对市场争夺的实力与力度不够，导致市场分销或目标市场存在真空，失去竞争优势。同时，经销商数量太少，营销总监容易受到经销商讨价还价的压力而失去主动控制权。

因此，经销商数量选择的多少，要根据该地区市场的容量，经销商对企业目标市场覆盖能力，以及经销商控制市场区域的范围、能力而定；同时，还要全面考虑企业自身的资源与经销商管理的策略。

案例讨论　选择一个经销商还是多个经销商

方经理是某防盗门企业的区域经理，在当地拥有一个关系很好的特约经销商，负责对整个区域市场进行该企业防盗门产品的总推广。经过双方一年多的齐心协作，企业在当地销售状况如芝麻开花——节节高，防盗门销售量较上年增长50%，而且估计前景会更加光明。方经理在这个时候却有些犯愁了，他觉得既然自己产品的市场已经打开了，这时最好能选择两个甚至更多的经销商来加快市场拓展的步伐。但同时，他害怕这会让原有的经销商很生气，因为这就打破了它的独家代理地位。在这种情况之下，方经理觉得左右为难。

案例提示

方经理碰到的上述种情况在营销领域非常普遍，同时这也是令诸多营销总监感觉头痛的一个难题。

在这种情况下，仅仅依赖理论上的知识进行判断是不够的，必须综合考虑市场、企业、经销商、对手等各种因素，懂慎做出决策。

讨论题目

1. 选择一个经销商还是多个经销商各有什么利弊，请你简要地分析一下。

2. 结合本节内容，你认为方经理在这种情况之下，究竟应该选择一个经销商还是两（多）个经销商？

? 思考

1. 请你谈谈选择经销商时应更重视忠诚度，还是更重视综合实力？或者如何才能使两者兼顾？

2. 当实力强大的经销商不太愿意与你合作，而比较愿意合作的经销商又实力不够时，你该怎么办？

本章小结

本章主要通过分析渠道成员角色、筛选渠道成员的方法及各项注意事项来说明选择渠道成员的重要性，说明渠道成员的选择决定了渠道的高效性和稳定性。

渠道成员角色定位主要介绍渠道成员的类型，中间商的角色定位和类型等。此外还需要了解中间商与生产企业之间的关系。

筛选渠道成员需要遵循 4 大原则——相互认同原则、目标实现原则、产品销售原则、形象匹配原则；还需要按照 4 个步骤来进行，即获得潜在渠道成员名单、鉴定潜在渠道成员、评估潜在渠道成员、签约渠道成员。

第2篇

开渠——
打通产品流通脉络

第 3 章

梳理渠道产品线

营销总监如果想要实现自己的分销目标，仅架构出渠道结构和精选出渠道成员是不够的。如果想要渠道成员顺利地完成分销任务，营销总监还应尽最大可能打通渠道产品、渠道价格和渠道终端三大脉络。本章我们将讨论如何打通渠道产品这一脉络。

产品管理与渠道管理是相互作用、相互联系的。本章主要通过一些案例分析，阐述它们之间最基本的关系以及对渠道管理的影响。

3.1 ● 突出产品的渠道竞争优势

本节要点

1. 明确产品定位
2. 塑造产品差异
3. 导入产品品牌

3.1.1 明确产品定位

企业给产品定位，就是选择以什么角度将自己的产品打入市场，使消费者对其产品形成相对于其他竞争产品的特殊认知，如 BMW 将其产品定位为不可超越的行驶工具。

对产品进行定位时，营销总监起到了极其重要的作用。进行产品定位的步骤如图 3-1 所示。

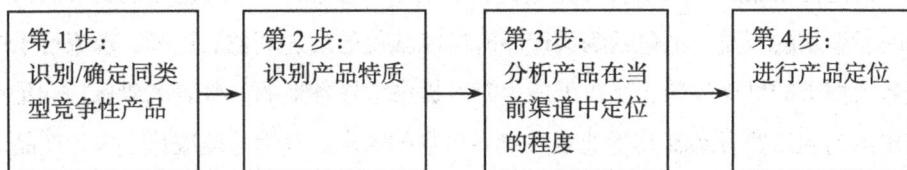

| 第 1 步：识别/确定同类型竞争性产品 | → | 第 2 步：识别产品特质 | → | 第 3 步：分析产品在当前渠道中定位的程度 | → | 第 4 步：进行产品定位 |

图 3-1　渠道产品定位的步骤

企业在进行产品定位时，通常可采用以下几种策略。这些策略也是营销总监应该掌握甚至精通的。

1. 质量和价格定位

一般情况下，消费者购买产品时，质量和价格是两个首先要考虑的因素。有些企业将自己的产品定位在经济实惠上，而在强调价格优势时，不忘向消费者传递质量保证的信息；有些企业则采用高质高价的定位，让消费者感到每分钱都花得很值。营销总监应该参考企业、产品、市场环境等条件，判断本企业产品是否适合在质量和价格方面进行定位。

定位于质量优良的产品比比皆是。劳斯莱斯车就是一例。每辆劳斯莱斯车出厂前均经过 5 000 公里的试车，哪怕有一点儿小毛病，都不准出厂。

2. 特色定位

特色定位是从产品特色入手，树立一定的市场形象，以求在消费者心目中形成一种特殊的偏爱。营销总监应找准自己企业产品与众不同的地方加以宣传和强化，使之成为一个产品的亮点和卖点。

比如，迪士尼乐园在其广告中宣传自己是世界上最大的主题公园。大，就是一种产品特色。它蕴涵了一种利益，即有最多的娱乐项目可供选择。

3. 利益定位

这是指根据产品为消费者提供的利益定位。这里的利益既包括消费者购买产品时所追求的利益，也包括购买产品时所能获得的附加利益。比如，现流行于中国各大城市的世界公园，就在于能为游客提供世界各地的一些著名景区，满足不能出国门的消费者亲临其境地观赏世界名景的需求。营销总监应该了解，产品通常提供的利益是和产品的属性直接相关的，当它具有一种或几种同类产品所不具有的属性时，它就能为消费者提供其特有的利益。

4. 使用者定位

营销总监应针对某些特定的消费群进行定位和广告宣传，以便在该群体心目中确立这样的印象：这类产品是为他们量身定做的，适合他们的需求。

例如，从现在的房地产广告中，你经常可以见到和听到诸如"成功人士的理想家园"或者是"文艺界人士的最佳选择"等说法，这就是针对特定消费者进行的定位。

　　在进行产品定位决策后，营销总监应首先考虑产品定位决策和产品展示及销售地点之间可能存在的联系；其次，在实行定位后，还得明确零售商正确介绍和展示产品的方式，以获得它们对产品定位的支持；最后，为了赢得零售商对产品定位决策的认可，必须拨出足够的"专用资金"向零售商提供极富吸引力的鼓励措施，如与它们合作投放广告，向它们提供促销津贴以及特种产品交易等。

3.1.2　塑造产品差异

　　产品差异化是企业在营销中，为了摆脱价格竞争的困扰，努力突出自己产品的一种或数种特征，以区别竞争产品、巩固渠道地位的一种策略。大体来说，营销总监可通过 4 种策略来实现产品的差异化。这 4 种策略为 R & D 策略、地理策略、促销策略、服务策略。其具体说明如表 3-1 所述。

表 3-1　企业产品差异化策略

策　　略	说　　明
R & D 策略	企业为使自己的产品区别于同类产品并建立渠道竞争优势，就要大力开展研发工作，努力使产品在质量、式样、造型等方面不断推陈出新
地理策略	企业产品的生产地和销售地的选择均以地理便利为基础，以便带来位置和运输上的好处，这种地理差异对企业、中间商节省成本和吸引消费者起着重要作用
促销策略	营销总监应通过广告、销售宣传、包装以及公关活动给消费者留下很好的印象
服务策略	营销总监可通过提供优质服务、缩短结账过程等，满足消费者合理的差异需求。实际上，许多消费者愿意为产品中包含的信息支付费用

　　通过差异塑造可让消费者感知企业产品的与众不同，吸引消费者的注意力，并调动经销商的进货积极性。营销总监应设法挑选并帮助发展那些适合该产品形象的中间商。如为了显示 Godiva 巧克力的独特之处，Campbell Soup 就特别选择了高品位的零售商。

Campbell Soup 的 Godiva 品牌巧克力在现有高档巧克力中享有盛誉，售价为每磅 32 美元。虽然 Godiva 巧克力的品质从某种角度说确实有别于其他高档巧克力，但也不能忽视以下事实对塑造其高端形象的作用：它们只放在高价百货店及糖果店出售，它们的陈列和包装都很豪华，消费者购买这种巧克力时可以享受到购买高档首饰时的服务等。所有这些做法都产生了不亚于产品质量在塑造产品差异时能起到的作用。它们使得 Godiva 巧克力有别于其他品牌。没有零售商的这种渠道支持，即使 Godiva 巧克力的品质再好，它也不可能自己展示其高品质的形象。

如果产品差异化决策受该产品的零售方式影响，营销总监还应向零售商提供必要的援助以协助它们推销该产品。

3.1.3　导入产品品牌

生产企业把产品批发给中间商，有 3 种品牌使用策略：一是使用生产企业自己的品牌；二是使用中间商的品牌；三是双重品牌策略，即一部分产品采用生产企业的品牌，另一部分产品采用中间商的品牌。无论采用哪种策略，只要对企业有利就行。

营销总监在向渠道导入自己企业产品品牌时，有以下几种类型可供选择，它们的利弊见表 3-2。

工具　产品品牌导入类型利弊对比

表 3-2　产品品牌导入类型利弊对比

类　　型	描　　述	好　　处	弊　　端
统一品牌	企业生产的所有产品都采用统一的品牌	节省品牌的设计费、广告费；现有品牌的好口碑有利于新产品进入；在统一品牌下，各种产品相互影响，可增大销量	任何一种产品的失败都会拖累其他产品或企业的声誉

类 型	描 述	好 处	弊 端
个别品牌	企业生产的每种产品采用不同的品牌名称	不会因为个别品牌的失败而影响企业的声誉及其他产品的销售；可以对每个产品品牌进行分别定位，从而获得不同的细分市场	企业的资源投入分散，且对企业品牌管理能力要求较高
分类品牌	对生产的各类产品分别命名，每一类产品使用一个品牌	各品牌互不隶属，个别品牌的失败不会殃及其他品牌，适合于多元化企业，或产品类别差异化明显的产品	品牌的设计费、广告费都很多，市场推广难度大
企业名称加个别品牌名称	在每一产品品牌名称前冠以企业名称	有利于利用企业已建立的声誉带动新品的销售，使各类产品相互促进，节省广告促销费用，同时可使各品牌保持相对的独立性	任何一种产品的失败都会使企业的声誉受到影响

尽管品牌化是商品市场发展的大趋向，但对于单个企业而言，是否要使用品牌，营销总监还必须考虑产品的实际情况，因为在获得品牌收益的同时，建立、维持、保护品牌也要付出巨大成本，如包装费、广告费、标签费和法律保护费等。所以，在欧美的一些超市中又出现了一种无品牌化的现象，如细条面、卫生纸等一些包装简单、价格低廉的基本生活用品就不使用品牌，这使得企业可以降低在包装和广告上的开支，以取得价格优势。

案例讨论 双重品牌的决策之争

某著名的制酒企业为解决其生产力过剩的问题，向渠道导入了双重品牌策略。纽约某大型酒类零售店是该制酒企业的一个主要经销商，它以制酒企业的品牌和自己的私人品牌这两个渠道来销售其产品。即使两种品牌的酒来自同一酒桶，私人品牌的酒价也要大大低于生产企业品牌。随着越来越多的消费者意识到这一事实，私人品牌的酒比生产企业品牌的酒更畅销。事实上，也只有在圣诞节前后人们买酒作为礼品时，生产企业品牌的酒的销售状况才会好转。制酒企业终于意识到，这种双重品牌策略使自己处于了不利的境地。

案例提示

当营销总监旨在制定一个生产企业品牌和私人品牌并存的品牌决策时，他很可能会面临两种品牌直接竞争的尴尬境地。于是，这种双重品牌决策对渠道管理的影响应该加以明确。营销总监至少应该设法为企业勾勒出与此品牌决策相关的几种可能的分销方案。例如，应考虑以下情况：同一经销商或零售商会不会同时以生产企业品牌和私人品牌经营同一类产品？销售生产企业品牌产品的经销商或零售商是否在同一地域市场与那些销售私人品牌的经销商或零售商发生竞争？出现以上情况，经销商或零售商可能会做何种反应？

在实施双重品牌战略前就对渠道问题加以关注，有助于提醒营销总监制定清晰明了的渠道管理制度，指导双重品牌战略的实施。

讨论题目

1. 制酒企业为解决生产力过剩而采取的双重品牌策略妥当吗？如果不妥当，企业应该如何修正？

2. 使用双重品牌策略时，企业如何使两种品牌下产品之间的直接竞争降低到最低程度？

？ 思考

1. 为什么中间商要经销你的产品，而不是竞争对手的？你的产品有什么突出的渠道竞争优势？

2. 请你谈谈企业采用统一品牌策略的优缺点是什么？什么情况下适宜向渠道导入单一品牌策略？

3.2 ● 将新产品纳入渠道成员的经营组合

本节要点

1. 鼓励渠道成员参与新产品构思

2. 加强渠道成员对新产品的认可

3. 对渠道成员进行新产品培训

企业推出新产品是为了避免产品老化带来的损失，或者是为了抓住新的市场机会。然而，新产品究竟能否为渠道成员所接受并纳入其经营组合，还要看营销总监能否在以下几方面做到位。

3.2.1　鼓励渠道成员参与新产品构思

为促进渠道成员对新产品的热情和认可，营销总监可以让它们参与到新产品的构思中来。比如，在新产品产生阶段就鼓励它们提供创意，一直到市场试销阶段也要求其提供反馈信息。

通用汽车的雪佛莱制造部门在推出 1991Caprice 型汽车失败后才意识到，让渠道成员参与新产品构思是十分重要的。该型号的轿车一进入全美汽车销售商的展厅，那些经销商几乎一致对这种车型持否定态度，认为这种车外形太难看，又看似笨重，推销起来肯定很困难。结果证明，这些经销商的看法是对的。但是由于几十年来养成的习惯，通用汽车的雪佛莱制造部门在推出新型汽车时并没有重视经销商的意见。然而经过这次挫折后，雪佛莱制造部门终于决定改变其做法。它们重新组织了一个由 30 个经销商组成的委员会，并定期召集它们参加通用企业北美决策董事会的会议，讨论包括让经销商参与新产品构思等一系列问题。

鼓励渠道成员参与新产品构思并非要求它们参与产品本身或功能的设计。事实上，它们对产品尺寸和包装改进的建议可能正是营销总监所期望的。例如，像山姆会员店和 Price 俱乐部这样的仓储式经销商就建议对消费品采用更大、更多样化的包装方式，以便适合仓储式销售的大批量销售特点。于是许多生产企业都对此做出了响应。

3.2.2　加强渠道成员对新产品的认可

营销总监应该牢记：一个新产品的成功当然要得到其最终用户的认可，但同样也要得到渠道成员的认可。不同的是，最终用户更关心产品的使用性能，而渠道成员则更关注产品是否卖得出去，是否容易储存和展示，最重要的是能否从中获利。如图 3-2 展示的就是产品流通过程中，不同对象对产品持有的不同关注点。

所以，当生产企业推出新产品时，营销总监应注意给渠道成员留出更多的利润空间。无论生产企业还是经销商，都需要做更多的工作，需要培训，需要向客户推销，需要占压资金或腾出货架，等等。而这些对他们来说都是要承担一定风险的。

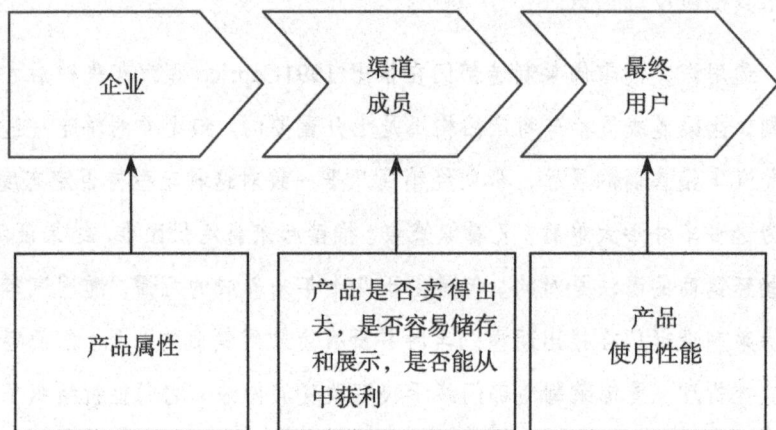

图 3-2　产品流通过程中的不同关注点

从根本上说，新产品的激励政策是对这些市场风险的一种补偿。新产品上市阶段也是产品最脆弱的时期，在这个阶段，营销总监绝不能掉以轻心、因小失大，即使自己的产品在市场上很畅销，也不能因此忽视新产品上市时期急需获得多方援助的重要性。

某企业是家用日化品市场的领导型企业，旗下拥有多个品牌，市场占有率也很高。2007 年，该企业推出了一种新产品。

根据以往的经验，该企业的营销总监仍然沿袭既有产品的渠道销售政策，对经销商的激励政策也没有改变。该企业的做法引起了经销商的不满。由于市场竞争越来越激烈，这些经销商的利润已大不如前，面临的经营压力很大，它们希望在推出该企业新产品时能够得到更多的支持。但是这家企业的营销总监却还沉浸在过去的成功中，拒绝了经销商们的要求。新产品推出后，经销商以种种理由拖延或减少进货，导致渠道内的铺货率始终上不去，终端断货成了常事。一年之后，这个新产品还未能进入市场同类产品的前十名，其市场表现大大逊色于该企业的其他产品，也就是说新产品很不成功。

现在，越来越多的新产品为争夺货架而竞争，所以营销总监要使新产品快速进入市场，首先必须给予渠道成员足够的利润空间，以得到渠道成员的认可和支持。

3.2.3 对渠道成员进行新产品培训

为了成功地销售新产品，营销总监应为渠道成员提供一些必要的专门培训。培训的类型和程度因新产品所涉及的行业及其使用难度的不同而不同。拿一套相当复杂的工业设备来讲，生产企业需要花上很长时间的介绍才能使渠道成员掌握其操作方法，并能在销售演示时，对其专门功能进行着重介绍。而另一方面，对包装简单的消费品而言，或许只需几分钟的介绍，渠道成员就知道如何正确陈列该产品。这是两个极端的例子，而对于那些复杂程度介于它们之间的新产品的销售，营销总监就需要针对不同情况，对渠道成员进行不同程度的培训。

不过，在进行新产品开发的同时，营销总监应设法对将来可能需要的培训做一次先期研究，为渠道成员制定必要的培训计划。这样就不至于在新产品摆到销售商货架时才仓促做此类安排。

工具 渠道成员对新产品态度调查表

利用表 3-3，营销总监可就渠道成员对新产品的态度进行一下调查。通过了解渠道成员对新产品的意见和建议，营销总监可让接下来的工作更好地开展。

表 3-3　渠道成员对新产品态度调查表

序　号	问　题	答案选择
1	您以前使用过同类产品吗	A. 经常用 B. 只用过一两次 C. 从来没听说过这种产品
2	您觉得这类产品的哪个方面最吸引您	A. 我觉得它的智能化最吸引我 B. 无所谓，只要有用就行 C. 我不会用这种东西
3	您最重视该类产品的什么功能	A. 产品综合功能 B. 特殊功用 C. 价格 D. 客户服务
4	您对市场上的同类产品了解多少	A. 非常了解 B. 有点了解 C. 不了解
5	您最初是通过哪些途径了解该类产品的	A. 网络　　B. 电视　　C. 报纸/杂志 D. 朋友介绍　　E. 其他途径
6	您觉得选择该类产品时困难吗	A. 非常困难 B. 有点困难 C. 还好
7	您在购买时遇到的最大困惑是什么	A. 品牌型号太复杂，弄不清楚，具体参数不了解，不能买到适合自己的产品 B. 价格弄不清楚 C. 售后服务跟不上 D. 其他
8	您对该产品的附属功能了解多少	A. 非常了解 B. 有点了解 C. 不了解

续表

序　号	问　题	答案选择
9	您对我们即将推出的这款新产品有所了解吗	A. 非常了解 B. 不太了解，只听说过 C. 一点都不了解
10	您最希望了解我们这款产品什么方面的内容	A. _____ B. _____ C. _____

感谢您在百忙中填写这份问卷调查表，谢谢！

案例讨论　新产品过多之失

2006 年，国内某童装企业一下子推出"卡通人物"、"小淘气"、"生肖王子"、"乖宝贝" 4 大系列 30 多种产品。由于产品花色、规格过多，厂家在组织生产加工和市场渠道销售上遇到了较大的困难，当某些畅销童装出现缺货时，又有很多没有经得住市场检验的滞销童装积压在仓库，形成巨额库存。这些林林总总的产品，真正受消费者青睐的并不多，能在百货商店、超市、购物中心看到的也只是其中的四五个种类而已。

案例提示

企业需要通过新产品来巩固或提高其在市场中的地位，但是如果在短期内推出的新产品数量太多，就会给渠道造成无法承受的压力。最后可能顾此失彼，导致新产品的失败。

讨论题目

1. 你知道有哪些知名企业曾经犯过同样的错误吗？

2. 请你从生产企业、经销商、消费者角度分别谈谈，如果短期内企业一次推出新产品过多，会引起哪些渠道问题？

？思考

1. 结合你的实际情况，谈谈你是如何将企业新产品纳入现有渠道成员的经营组合中去的？你认为在新产品导入渠道过程中要注意哪些问题？

2. 将新产品纳入渠道成员的经营组合有时会引起麻烦，通常何时会发生这种情况？

3.3 制定产品线经销政策

本节要点

1. 关于排他交易
2. 关于搭售

出于许多合理的原因，营销总监可能会希望限制渠道成员销售产品线的广度和深度。一般常被采用的经销政策有排他交易和搭售两种。

3.3.1 关于排他交易

排他交易是应生产企业的要求，中间商只能出售或出租其产品或品牌，或至少不出售与之直接竞争的产品或品牌。如果中间商不遵守，生产企业会用拒绝与之交易或其他经济性惩罚来表示否定态度。很明显，这种安排减少了中间商的选择和自由。排他交易能带来 3 项管理收益——加深中间商的依赖性；便于生产企业对销售的管理；减少整个流通体系的费用。

排他交易管理的好处如表 3-4 所示。

表 3-4　排他交易管理的好处

好　　处	说　　明
加深中间商的依赖性	由于中间商只能经营该生产商的产品，故其收益和该生产商产品的销售密切相关，对生产企业的依赖性大大加强

续表

好　　处	说　　明
便于生产企业对销售的管理	在长期排他关系中，对中间商的销售预测会容易些，从而可以使生产企业更准确、更有效地进行生产和管理
减少整个流通体系的费用	排他交易可使生产企业和中间商双方都得到特殊好处并获得长期财务利益，让双方有更为稳定的预期，减少谈判、物流等管理费用。中间商可得到更稳定的价格和更有规律的生产企业供货；中间商与生产企业间的交易量会变少，批量会变大；中间商还可得到额外促销和其他支持作为补偿，并且避免了存储多个品牌新产品的费用

固特异公司曾向其独家经销商提供排他性轮胎型号，它们都不能通过其他零售商如西尔斯、沃尔玛和亚利桑那折扣轮胎企业等出售。许多新的轮胎都完全可以与固特异现存的产品线相媲美。然而，它们在不同名义下被出售，以帮助经销商与那些由于大量购买从而降低经销商价格的大商人竞争。这样，固特异在竞争激烈的市场上保证了自己的销售额得到持续增长，进一步巩固了自己的竞争地位。而它的经销商也获得了利润的增长，最终取得了双赢的结果。

排他交易须通过协议来实现。在协议条件下，对于特定的时间和价格，购买者只能购买一家销售商的产品。这种安排明显减少了购买者的选择自由，但保证了购买者在相当长一段时期内经常有明确成本的供应货源。通常在产品比较畅销和生产企业比较强势的情况下，营销总监才敢采用此种销售策略。

3.3.2　关于搭售

搭售是指销售商要求购买方附加购买并不需要的产品或服务。例如，微软企业将其浏览器与其视窗系统一起销售，一家生产制鞋机的生产企业坚持为了正确维护机器，机器的租户必须购买服务协议——被搭售产品。

许多采用搭售政策的商业理由与利用排他交易的理由相似。因为两种政策的目标都是用生产企业锁定对某种品牌的购买，并且排除对直接竞争品牌的购买。

除了在排他交易中讨论过的，搭售的附加原因还有：把搭售品已建立的市场需求转化为对被搭售品的需求，例如，将封罐机和罐头搭售；强迫中间商从生产企业买被搭售品来保证对搭售品的销售；用被搭售品来衡量对搭售品的应用，例如，用复印机搭售复印纸；通过组件的销售节省费用，例如，当更多的产品包括在组件当中时，用于供应和服务于渠道成员的成本会降低；用低利润搭售产品来卖出高利润被搭售产品，例如，剃须刀搭售刀片。

但有一点营销总监应该注意，就是搭售不能触犯法律，不能违背自愿、平等、公平竞争的原则。我国《反不正当竞争法》第 12 条明确规定："经营者销售商品，不得违背购买者的意愿搭售商品或者附加其他不合理的条件。"所以，这种销售政策还应慎用。

🔧 工具　产品市场认可度与获利能力分析表

通过表 3-5，营销总监可分析一下某种产品是否属于受消费者欢迎的产品，其获利率如何。一般来说，如果经过分析后判断该产品是受消费者欢迎的赢利产品，那就可以作为被搭售的产品；如果该产品是不受消费者欢迎的非赢利性产品，那就可以作为搭售产品。

表 3-5　产品市场认可度与获利能力分析表

项　　目	评价类别	评价情况	综　　评	搭售关系评价
产品品质分析	功能			
	品质等级			
	外观			
	耐久性			
	故障率			
	使用难易			
	…			

续表

项　　目	评价类别	评价情况	综　　评	搭售关系评价
受欢迎程度分析	品牌			
	价格			
	品质			
	外观			
	服务			
	信誉			
	…			
赢利能力分析	产品定价			
	生产成本			
	销售折扣			
	市场占有率			
	利润率			
	…			
其他				

案例讨论　燕京啤酒与经销商的排他性交易

20 多年来，燕京啤酒曾先后经历了国内外 20 多个品牌的进攻，但从 1999 年占据北京 50%的市场份额，到 2006 年 92%的份额，燕京啤酒自始至终将"牢牢巩固北京市场"作为最基本的市场战略。如今，燕京啤酒已经占据了北京绝大部分的中、低端市场，成为当地霸主。

燕京啤酒之所以取得如此大的成就，除了得益于其成功的产品政策外，还得益于燕京和经销商之间签订的"排他性"协议。在销售渠道方面，燕京在北京有 160 家一级批发商、900 多家二级批发商，这些经销商都和燕京有稳定的合作关系。

2007 年，面临青岛啤酒的又一次进攻，燕京啤酒从直管一级批发商发展到直管二级批发商，并与北京二级批发商签订协议：不卖竞争对手的产品。如此一来，渠道管理中心逐渐下移，燕京啤酒对渠道的控制力开始进一步加强。

显然，加强与二级经销商的排他性合作是专门针对青岛啤酒进京的策略。

案例提示

在产品经销政策中，用排他性、相对限制性、倾向性等条款来限定经销商只卖自己一家的产品，或者倾向于卖自己的产品，可以加强对渠道成员的控制。当然，选择一级市场做排他性设计一定要慎重，因为竞争产品同样可能会选择该级商业企业的竞争对手来做排他性设计。作为竞争对手的经销商，其目标终端几乎一样，所以可能导致排他性设计没有效果。所以，在对一级经销商做协议限制时，应该是相对限制或倾向性限制，而不能完全限制。相反，二级的经销商可以直控终端，对终端有相对垄断性，对它们则可做绝对的排他性条款设计。

讨论题目

1. 燕京啤酒与经销商所做的排他性交易对你有什么启发？在下一轮的竞争中，排他性交易能继续发挥作用吗？

2. 以你企业的实力，适合与经销商做排他性、相对限制性还是倾向性条款？条款应该如何设计？

？思考

1. 在渠道交易中，搭售的现象相当普遍，形式复杂多样，你能举出几例搭售的现象吗？

2. 并不是所有企业都可以对经销商实施排他性交易或搭售政策，你认为企业具备哪些优势后才可以以强制手段实施这些交易行为？

本章小结

本章主要介绍了如何梳理渠道产品线。

首先，要突出产品的渠道竞争优势。这需要借助明确产品定位、塑造产品差异、导入产品品牌来实现。

其次，要将新产品纳入渠道成员的经营组合。这就需要鼓励渠道成员参与新产品构思，加强渠道成员对新产品的认可，并对渠道成员进行新产品培训。

最后，应该制定产品线经销政策。通过介绍排他性交易和搭售的方法，可限制渠道成员销售产品线的广度和深度。

第 4 章

启动渠道价格引擎

　　市场销售渠道的选择，对生产企业、商业企业，都是最复杂也是最具策略性的问题。价格在渠道关系中是一个敏感要素，既可能推动渠道成员紧密合作，又可能毁掉渠道关系。最佳的价格策略是在巩固渠道关系和使企业利益获得最大化之间寻求平衡点。

　　本章主要通过渠道价格结构分析、渠道产品定价方法和渠道产品定价策略来说明价格在市场销售渠道中的重要性。这些都是营销总监必须了解的常识。

4.1 ━● 渠道价格结构分析

✎ 本节要点

1. 渠道价格对渠道的重要性
2. 渠道价格结构分析
3. 发展有效渠道定价决策的方针

4.1.1　渠道价格对渠道的重要性

渠道结构与产品售价存在密切的关系。如果营销总监在选择渠道时忽略产品的价格因素，就可能出现产品"身价倍增"，使消费者望而却步的情况。

营销总监进行渠道管理时，要考虑产品的最终定价是否合理，是否会被消费者所接受，销售情况如何，畅销还是滞销，等等。

有两家文化用品企业，生产的产品都很相似。其中一家企业一直采取如下的销售渠道：首先成批量向批发商供货，批发商再向零售商供货，最后由零售商将商品出售给消费者。由于生产企业直接供货的多为一级批发商，一级批发商还向下游的二级批发商供货，所以产品每经过一个销售环节，价格就有所提高，以致到达消费者手中时，价格已抬高到出厂价的 50%以上。价格的上升导致购买需求减弱，产品大量积压，中间商的销售积极性大受打击，进一步影响了产品的销售。另一家企业则采用了多种销售渠道组合的策略，不仅供货给批发商，由批发商向零售商供货，还直接向零售商、个体经营者供货，并建立起自己的批发零售点。这种少环节、多渠道的渠道结构，可以将产品的价格控制在一个合理的水平上，使企业产销两旺。

由此可见，价格是渠道决策中的首要问题。当我们说某一企业渠道情况良好时，我们一般会同时谈到它的产品价格体系是令人满意的，即能给生产企业和中间商两方面带来利润，而且这种利润是通过正常的销售过程实现的。价格对于渠道的重要性是显而易见的。

4.1.2 渠道价格结构分析

销售渠道中的定价好比很多人分吃一块蛋糕。销售渠道中各级中间商为了支付它们的开支以及获得利润，都希望从总利润中分一杯羹。

在图 4-1 中，列出了定价为 5 元的其品牌牙膏的渠道定价结构。这个结构的基础是消费者得到定价的 16%折扣，零售商得到定价的 30%折扣，批发商得到定价的 42%折扣。那么消费者就能以 4.2 元购买这种品牌的牙膏，零售商能以 3.5 元的价格购买，而批发商能以 2.9 元的价格购买。可以设想，生产企业能以 2.4 元的成本生产这种牙膏，最终零售商也以 4.2 元的价格把它卖给消费者，相当于对定价打了 16%的折扣。零售商提供此折扣是为了应对激烈的消费品市场竞争。

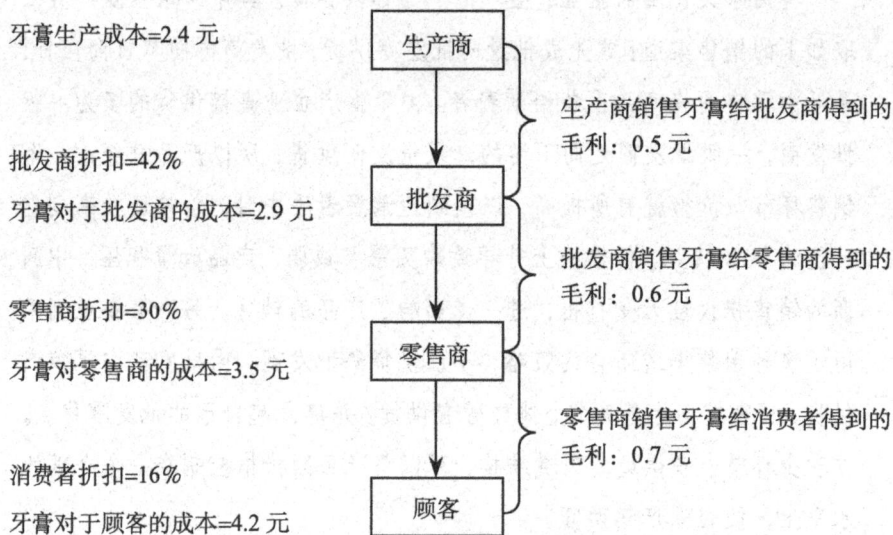

图 4-1　对定价为 5 元的某品牌牙膏的渠道定价结构剖析

由图 4-1 数据可见，每个渠道销售商都希望利差足以弥补开支以及得到一定的利润。只要产品的利差足以弥补他们的成本，渠道销售商就会经销这种产品。

表 4-1 列出了对图 4-1 的财务数据总结，也计算展示了渠道中不同经销商的毛利百分比。

表 4-1　定价为 5 元的某品牌牙膏的渠道定价结构

定价因素 / 定价 / 渠道经销商	交易折扣（%）	成本（元）	利润（元）	毛利占售价百分比（%）	毛利占成本百分比（%）
生产企业	—	2.4	0.5	17.2[①]	20.8[②]
批发商	42	2.9	0.6	17.1[③]	20.7[④]
零售商	30	3.5	0.7	16.7[⑤]	20.0[⑥]
消费者	16	4.2	—		

注：

① 利润/给批发商的售价（批发商的成本）=0.5÷2.9=17.2%

② 利润/生产企业的生产成本=0.5÷2.4=20.8%

③ 利润/给零售商的售价（零售商的成本）=0.6÷3.5=17.1%

④ 利润/批发商的成本=0.6÷2.9=20.7%

⑤ 利润/给消费者的售价（消费者的成本）=0.7÷4.2=16.7%

⑥ 利润/消费者的成本=0.7÷3.5=20.0%

在进行定价决策时，营销总监必须理解，仅仅基于市场、内部成本、竞争因素考虑定价决策是不够的，还要考虑定价决策对中间商行为的影响。因此，价格决策对渠道经销商的行为有很重要的影响。一方面，当营销总监的定价策略与经销商的利益一致时，后者很可能会与生产企业高度配合。另一方面，如果营销总监在进行定价决策时，没有认真地了解渠道经销商的需求，结果很可能会与经销商之间出现矛盾。因此在做定价决策时，营销总监应帮助制定可以促进渠道经销商合作的定价策略。

4.1.3 发展有效渠道定价决策的方针

营销总监在发展有效的渠道定价策略时，须遵循 8 大方针。这 8 大方针对如何制定提高生产企业与中间商合作度和减少两者之间矛盾的定价策略很有帮助，为制定与中间商利益相一致的定价策略提供了一个基准和框架。

关于各个方针的具体说明如下。

① 给予利差。营销总监应根据竞争环境的变化适时地调整自己的利差结构，给予渠道经销商合理的利差，来为它们提供利润空间。

② 不同级别的中间商给予不同的利差。营销总监应根据各中间商在销售渠道中所起的作用，来合理地分配它们的利差。

③ 与竞争品牌所给经销商的利差保持相对平衡。当发现经销商与竞争品牌的关系发生变化时（尤其是变得密切时），营销总监就应及时调整自己的利差策略。

④ 分配规则发生变化，利差结构也要及时调整。如果生产企业与渠道经销商之间分销任务的一般分配规则发生变化，利差结构也要能及时地反映出这一点。

⑤ 服从利差的传统分配规则。除非不按照规则可以制定有力的分销渠道，否则营销总监分配给每类中间商的利差都应服从传统的分配百分率。同时，尽可能保持传统的分配规则。

⑥ 利差必须围绕交易中的传统利差变动。营销总监在制定产品系列的定价时，某些产品可以运用适当的低差价来进行产品的促销，但其他的产品应尽可能保持传统利差。

⑦ 价格结构必须围绕价格点制定。价格点是一种在零售商心目中存在的、可以接受的销售价格，同时也是消费者所能接受的价格。

⑧ 不同产品定价时应注意价格与产品特征的区别。生产企业的产品价格结构必须具有一定的层次，同时生产企业的营销总监给不同的产品定价时，应该注意将价格的区别与产品特征的区别相联系。

工具　制定价格体系的 3 个要求

要想制定出一个合理的、有吸引力和竞争力的价格体系，营销总监应保证其满足如表 4-2 中的 3 个要求。

表 4-2　制定价格体系的 3 个要求

要　求	说　明
零售价格要有竞争力	即消费者能够并愿意承担该零售价格
中间环节的利润分配要合理	这个利润分配不是厂家大概制定的比例，而是根据市场实际，扣除中间商的运营成本后还应留给中间商合理的利润空间，这样才能稳定中间商队伍，和中间商共同发展
厂家要有基本的生存空间	再好的产品，再有竞争力的价格，假如厂家没有办法生产出来，或者说让厂家亏本来做，都是不可能的。所以，以市场为导向的、用逆向思维制定的价格体系，还得要考虑厂家的自身生存要求

案例讨论　C 企业数码相机销售中的困境

C 企业是一家数码相机生产企业，随着进入数码相机市场的企业数量的不断增加，竞争越来越激烈，利润空间也越来越薄。

C 企业自然也加入了价格大战。随着产品的不断降价，留给经销商的利润也随之减少。价格大战仍在继续，C 企业认为，家用数码相机是市场上销售得最好的产品，也是企业产品链中必不可少的，经销商无论如何都不会放弃该类产品的销售。于是，每一次降价，C 企业都会及时跟进，并没有过多关注经销商的利润水平和生存状态。

由于利润持续走低，C 企业准备偏向高端市场而抛开低端市场，于是把精力和技术都放在高端市场。几经尝试后发现，高端专业市场目前还只限于专业用户以及发烧友，销售渠道太窄，因此生产企业又不得不加强中低端产品的推出力度。

但此时，部分经销商为保证利润，已抛弃了出货量大但利润微薄的 C 企业的产品，而重拾部分市场经营商家较少的品牌，以保证产品的利润。

案例提示

数码相机市场已经相对成熟，市场增长空间有限，市场格局已经基本成型，市场变数不大，已经进入平稳、缓慢增长期。这个时期留给生产企业和经销商的利润较微薄，渠道中仍然存在利益分配问题。如果忽略了这一点，就容易导致渠道成员利益失衡，从而造成渠道关系解体。

讨论题目

1. C企业最后的销售困境除市场因素外，主要是什么原因造成的？

2. 在中心市场过度竞争时，区域市场则依然处于培育期、成长期，请为C企业制定一套合理的定价策略。

3. C企业如何调整定价结构重新建立渠道关系？

❓ 思考

1. 请你结合自己企业的产品特征和上市时机等，分析一下本企业产品定价让渡给经销商的合理空间是多少？

2. 如果你的经销商同时代理竞争对手的产品，并且关系越来越密切，你该如何调整自己的定价以保持关系平衡？

4.2　渠道产品定价方法

✎ 本节要点

1. 成本导向定价法

2. 消费者导向定价法

3. 竞争导向定价法

4.2.1　成本导向定价法

产品价格直接影响产品在渠道中的竞争力，进而直接影响渠道关系的稳定性。而定价的方法直接影响定价结果，所以营销总监要研究渠道建设中如何启动价格引擎，就必须考察渠道产品的定价方法。

成本导向定价法是以渠道产品单位成本为依据，加上预期利润分别从不同角度来保证企业利益最大化的定价方法。这种价格的计算方法比较简便，立足于渠道的细分与定位，是企业最普遍、最基本、最常用的定价方法。以成本为导向的定价法主要有成本加成定价法、目标收益定价法、边际贡献定价法、盈亏平衡定价法等几种具体方法，详见图 4-2。

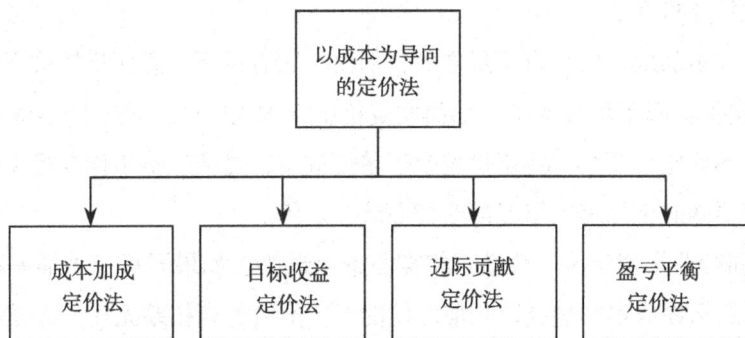

图 4-2　以成本为导向的定价法

1．成本加成定价法

成本加成是在渠道产品成本上附加一定的加成金额作为企业赢利的定价方法。在这种定价方法下，要先确定单位变动成本，再加上平均分摊的固定成本构成单位产品成本，在此基础上加上一定比例的目标利润，作为渠道单位产品价格。其计算公式为：

单位产品价格=单位产品成本+单位产品目标利润

例如，某彩电生产厂生产 3 000 台电视机，固定总成本 600 万元，每台彩电的变动成本为 1 000 元，确定的目标利润率为 25%。则采用成本加成定价法确定价格的过程如下。

（1）计算单位产品固定成本：6 000 000÷3 000=2 000（元）

（2）计算单位产品成本：2 000+1 000=3 000（元）

（3）计算单位产品目标利润：3 000×25%=750（元）

（4）计算单位产品价格：3 000+750=3 750（元）

成本加成的缺点是忽视市场需求和竞争，使产品定价的市场竞争功能减弱。实际上定价的高低将因需求和竞争而影响企业产品的销售量，以及渠道分销商的进货量等。但成本加成定价却是首先估计出产销量以确定单位成本，然后附加一定的加成确定售价。因此只有在以加成价格销售能达到预期销售量的条件下，成本加成定价才最有效。

虽然成本加成定价法有不足之处，但由于它有以下优点而仍然被广泛应用。

① 定价着眼于单位成本，从而使定价工作大大简化。成本的不确定性一般比需求的不确定性要小，将定价着眼于单位成本，可使定价工作变得十分简化，并且不需要随时依据需求情况的改变而改变定价。

② 同行业类似定价，会使价格竞争减至最小。如果同行业中都采取这种定价方法，那么在成本和加成数相似的情况下，价格也会相差无几，这样就减少了价格竞争，避免了因价格上的竞争而导致企业收入的减少。

③ 对购买者和销售者都比较公平。成本加成定价法比较有利于渠道关系的稳定，因为成本加成定价法对购买者和销售者都比较公平。销售者不会利用消费者需求量增大之机哄抬价格；而固定的加成也使销售者的投资利润相对稳定，排除了短时间内供求变化导致的价格波动。

2. 目标收益定价法

目标收益定价法又叫投资收益定价法，是企业根据渠道产品生产总成本和计划的总销售量，加上按投资收益率确定的目标利润额作为定价基础的一种方法。其计算公式为：

单位产品价格=［总成本 ×（1+成本利润率）］÷ 总销售量

假设上例中建设彩电厂的投资回收期为 5 年，则采用目标收益定价法确定价格的基本步骤如下。

（1）确定目标收益率：目标收益率=1/投资回收期×100%=1/5×100%=20%

（2）计算变动成本总额：1 000×3 000=3 000 000（元）

（3）计算总成本：6 000 000+3 000 000=9 000 000（元）

（4）计算单位产品价格：[9 000 000×（1+20%）]÷3 000=3 600（元）

与成本加成定价法相类似，目标收益定价法也是从保证企业的利益出发来制定产品的价格。这种方法有利于加强企业管理的计划性，可较好地实现投资回收计划。但这种方法要求较高，对于营销总监来说，必须有较强的计划能力，必须测算好销售价格与期望渠道销售量之间的关系，避免导致确定了价格而销售量达不到预期目标，肥了渠道分销商而亏了自己，使自己的利润在执行中受损。

3．边际贡献定价法

边际贡献定价法的具体内容请见表 4-3。

表 4-3　边际贡献定价法内容

内　容	说　明
定义	指每多出售一单位商品而增加的总收益
别称	高于变动成本定价法
特性	只计算变动成本，暂不计算固定成本，以预期的边际贡献来适当补偿固定成本并获得利润的价格计算方法
作用	应对市场的激烈竞争，运用较灵活的定价方法迅速开拓市场
计算方法	单位产品边际贡献=销售单价–单位变动成本 全部产品边际贡献=全部产品的销售收入–全部产品的变动成本
计算公式	单位产品价格=单位变动成本+单位产品边际贡献
使用要点	在自己的产品必须降低价格出售时，利用边际贡献计算价格就显得比较简便。因为只要售价不低于变动成本，那么生产还可以维持；如果售价低于变动成本，生产越多，亏损越多

例如，某企业的年固定成本为 90 000 元，每件产品的单位变动成本为 50 元，计划边际贡献为 60 000 元，当销量预计为 3 000 件时，其价格应定为：

$$50+60\,000÷3\,000=50+20=70（元）$$

4. 盈亏平衡定价法

盈亏平衡定价法指在预测渠道产品销售量和已知固定成本、变动成本的前提下，通过求出渠道产品盈亏平衡点来制定产品价格的方法。在市场不景气，渠道关系不稳定的情况下，企业保本经营比停业损失要小，而且具有灵活的回旋余地。这种定价方法的计算公式为：

$$盈亏平衡点价格=固定总成本÷销售量+单位变动成本$$

例如，某企业的年固定成本为 90 000 元，每件产品的单位变动成本为 50 元，如果销量为 3 000 件时，其盈亏平衡点的价格应是：

$$90\,000÷3\,000+50=30+50=80（元）$$

但是，以盈亏平衡点确定价格只能使企业的生产耗费得以补偿，而不能得到收益。因此，企业在实际经营中只将盈亏平衡点价格作为价格的最低限度，而最终的渠道市场价格须加上单位产品目标利润。这种定价方法较多适用于工业企业产品定价。

4.2.2　消费者导向定价法

在市场经济条件下，渠道产品定价是否合理，最终取决于消费者。因此，营销总监有时要根据市场需求状况和消费者对产品价值的认识程度来确定渠道产品的价格，这种定价的方法就是消费者导向定价法，又称"需求导向定价法"。其特点是灵活有效地运用价格差异，对平均成本相同的同一产品，价格随市场需求的变化而变化，不与成本因素发生直接关系。这种定价法也比较受渠道分销商的欢迎。消费者导向定价法在具体运用中，主要有理解价值定价法和需求差异定价法。

1. 理解价值定价法

理解价值定价法是以消费者对商品价值的认识和理解为定价依据的价格制定方法。营销总监要确定出产品在市场上的认知价值，即获得有关消费者对商品价值理解的准确资料。

该方法的步骤是：营销总监首先进行市场调查和研究，找到准确的市场理解价值，从而制定出商品的初始价格；然后，进一步预测产品可能的销量，分析目标成本和销售收入，计算企业的赢利空间；最后确定该定价方案的可行性，并制定最终价格。

工具 理解价值定价法的步骤

理解价值定价法的理论依据在于购买者对商品价值的认定和理解，即人们买东西时常说的"值"或"不值"。营销总监在运用理解价值定价法时，可遵循如下步骤，见表 4-4 所示。

表 4-4 理解价值定价法的步骤

步　　骤	说　　明
估测购买者对产品价值的主观认定水平和需求强度	如果对购买者所承认价值估计过高，就会导致定价过高，减少销量；反之则可能损失利润。因此，营销总监应正确估计出购买者所承认的产品价值
确定能够被购买者接受的价格限度，初步拟定价格	在大多数目标消费者能够接受的范围内，拟订初始价格
推测产品的销量并估算产品的成本费用和赢利水平	营销总监在运用这一方法时，要注意利用非价格变数，如产品质量、服务特色、广告宣传、购物环境等来影响购买者，在此基础上估算出成本费用和利润等
确定实际价格	选定一种和消费者双方最容易接受的价格作为实际销售价格

在采用理解价值定价法的过程中，准确掌握购买者所承认的价值十分关键，作为营销总监，可以通过听取渠道分销商的反馈来获取更准确的信息。

2. 需求差异定价法

需求差异定价法指企业根据不同的渠道需求制定不同的产品价格的方法。实质是对同一商品在同一市场上制定两个或两个以上的价格，或使不同商品价格之间的差额大于成本之间的差额。它是以消费者的购买心理、购买力以及购买时间和地点等特性的不同来进行定价的。其好处是可以使定价最大限度地符合每个分销渠道的需求，促进产品销售，有利于企业获取最佳的经济效益。

需求差异定价法通常有以下 5 种形式。

① 以用户为基础的差别定价。如对老客户和新客户、长期客户和短期客户、女性和男性、儿童和成人、工业用户和居民用户等，分别采用不同的价格。

② 以地点为基础的差别定价。如在剧院观看演出、乘坐飞机等，其座位不同，票价也不一样。

③ 以时间为基础的差别定价。如电报、电话等公用事业，在白天、夜晚、节假日等都有不同的收费标准。

④ 以产品为基础的差别定价。如工业用电、农业用电和居民用电的收费往往不一样。

⑤ 以交易条件为基础的差别定价。如交易量大的产品售价低，零星购买的产品价格高；以现金进行交易，产品的价格相对较低；用支票交易、可以分期付款的产品价格适当高些等。

需求差异定价法在实践中得到企业的广泛运用。但是，这种定价方法在使用时应具备以下条件：能细分渠道市场，不同的细分市场能看出需求程度的差别；差别价格不会引起消费者的反感，差别价格的总收入要高于统一定价的总收入等。

这种定价法也是有一定弊端的，如果处理不好，容易引起渠道分销商的乱价和窜货行为，从而影响渠道稳定。

4.2.3　竞争导向定价法

竞争导向定价法指企业通过研究竞争对手的生产条件、服务状况、价格水平等因素，依据自身的竞争实力、参考成本和供求状况来确定同类产品的价格。其特点是：渠道产品的价格与生产成本和市场需求不发生直接关系，而与竞争者的价格密切相关。如果市场上竞争者的价格发生变动，营销总监则相应调整其产品价格。竞争导向定价法主要有以下 2 种形式。

1．随行就市定价法

在使用这种方法时，营销总监应将渠道产品价格保持在市场平均价格水平上。这种利用价格获得平均报酬的定价方法充分体现了行业的集体智慧，有利于协调企业与同行业其他企业的关系，促进行业成长。在实践中，随行就市定价法有两种形式：一种是通过市场的反复调整，企业之间逐渐取得一种默契而将价格保持在一定的水平；另一种是由某一部门或行业的少数几家大企业定价，其他企业参考定价或追随定价。使用随行就市定价法对渠道关系稳定相对有利。

2．产品差别定价法

产品差别定价法要求营销总监研究竞争对手产品的有关情况，如质量、性能、价格、生产条件和服务等，对照本企业产品的情况，制定出高于或低于竞争者价格的方法。这是一种进攻性的定价方法，这种定价方法要求企业必须具备一定的实力，否则，如果在价格进攻中失利，将影响甚至毁掉渠道。

案例讨论　伊利集团的冷饮定价方法

1997 年以前，北京的冷饮网点几乎被"和路雪"、"雀巢"、"新大陆"等著名品牌垄断。然而在这种情形下，伊利冰淇淋却在 1997 年"杀"进北京，并取得了极佳的战绩。

1996 年，伊利集团在正式进入北京冰淇淋市场前调查发现：

（1）主要竞争对手有"和路雪"、"雀巢"、"新大陆"等品牌；

（2）上述品牌的产品价格从 2 元到 8 元不等，适应了不同档次消费者的需要；

（3）2 元以上的产品问的多买的少，6 元至 8 元的产品更是很少有人问津。

伊利经过调研后得出结论：对广大工薪族来讲，在选择冰淇淋时除了口感外，价格是最主要的决定因素。于是，伊利决定采用优质低价的定位策略，而实现这一策略的优势主要有：

第一，内蒙原材料价格比北京低近一倍；

第二，内蒙有较低廉的劳动力；

第三，内蒙有最优质的奶源。

低成本是低价格的前提。为迅速打开市场，1997年伊利产品广告进入央视，同时进行宣传推广，以在商业街、旅游景点、胡同、街道等设的专卖店为销售渠道，鼓励成批购买，凡一次性购买30支以上者给予10%的折扣。

案例提示

企业采取哪种定价方法主要取决于企业的战略安排和当时的市场环境，当时伊利集团的竞争对手主要有3个著名品牌，定价较高。伊利集团在确定渠道价格策略时既考虑了市场竞争需要，又分析了自己与现存著名品牌的竞争优劣势，从而制定出了最利于企业利益的价格政策。

讨论题目

1. 伊利集团选择的是某种具体的定价方法还是定价组合？

2. 分析一下伊利集团实施这种定价方法的原因？

3. 试分析伊利集团的中间商激励政策可能有哪些效果？

? 思考

1. 请你对所在企业的产品和竞争对手产品的定价方法进行分析比较，评判一下你所在企业定价策略的优势和劣势。

2. 针对你所在企业的产品定价方法，分析该方法对经销商的直接或间接影响，并提出改进意见。

4.3　渠道产品定价策略

✏ **本节要点**

1. 心理定价策略

2. 折扣定价策略

3. 地区定价策略

4. 新产品定价策略

5. 产品组合定价策略

4.3.1　心理定价策略

心理定价策略要求企业在定价时，要考虑经销商进货时的心理因素，有意地将产品价格定得高些或低些，以诱导经销商进货的定价策略，它是定价的科学性与艺术性的结合。心理定价的方法见表4-5。

表 4-5　心理定价方法

定价方法	含　义	举　例
整数定价	在商品定价时，取整数的定价方法	在很多经销商的心目中，以整数特别是以零结尾的价格代表一个更高的价格档次。许多礼品的定价都是 200 元、600 元、1 000 元等，就是整数价格运用的最典型的例子
尾数定价	在商品定价时，取尾数而不取整数的定价方法，使经销商购买时在心理上产生便宜的感觉	价格为 1 000 元的产品，属于千元以上的商品，而定价为 998.95 元的产品，则属于千元以下的商品，尽管二者差价不到 2 元，但很多经销商依然会在心理上认为这两种商品属于两个不同的档次
声望定价	利用产品高价格来树立产品及品牌在经销商心目中的形象	低价香水会被认为是劣质产品，而高价香水不但被看成高质量，而且也是身份的象征

续表

定价方法	含　义	举　例
招徕定价	利用经销商求廉的心理，故意降低几种商品的价格，以吸引经销商顺便进其他正常价格的产品	企业定期推出几种特价商品，以吸引经销商的注意力，此举往往也会刺激经销商或多或少地购进正常价的商品

4.3.2　折扣定价策略

折扣定价策略是企业通过减少一部分价格以争取经销商的策略，这种策略在渠道开发与维护中应用十分广泛。

折扣定价策略又分为以下几种，见图 4-3。

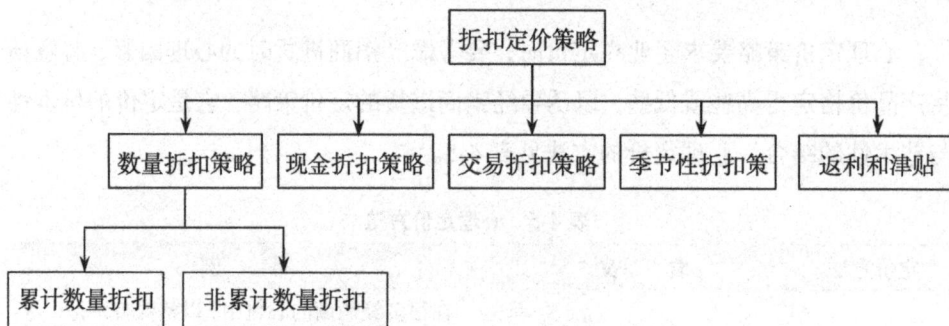

图 4-3　折扣定价策略的分类

1. 数量折扣策略

数量折扣策略是企业根据经销商购买货物的数量多少，分别给予不同折扣的一种定价方法，其实质是将销售费用节约额的一部分，以价格折扣方式返还给经销商，目的是鼓励、吸引经销商长期、大量地向本企业购买商品。数量折扣一般可以分为累计数量折扣和非累计数量折扣两种形式，见表 4-6。

表 4-6　数量折扣的两种形式

形　　式	定　　义	优　　点	运用要点
累计数量折扣	指经销商在规定的时间内，当购买总量达到累计的标准时，给予一定的折扣	可以鼓励经销商经常购买本企业的产品，成为企业可信赖的长期客户；企业可据此掌握产品的销售规律，预测市场需求，合理安排生产；经销商也可保证货源	应注意经销商为争取较高折扣率在短期内大批进货对企业生产的影响
非累计数量折扣	是一种只按每次购买产品的数量而不按累计购买数量的折扣定价方法	客户大量购买，节约销售中的劳动耗费	累计数量折扣和非累计数量折扣两种方式，可单独使用，也可结合使用

2．现金折扣策略

现金折扣策略又称付款期限折扣策略，是在信用购货的特定条件下发展起来的一种优惠策略，即对按约定日期付款的渠道分销商给予不同的折扣优待。

现金折扣其实是一种变相降价赊销，鼓励提早付款的办法。例如，假设付款期限为一个月，则可采用的折扣方式如表 4-7 所示。

表 4-7　一个月付款期限的折扣方式举例

期　　限	折扣方式
立即付现	折扣 5%
10 天内付现	折扣 3%
20 天内付现	折扣 2%
最后 10 天内付款	无折扣

3．交易折扣策略

交易折扣策略的具体说明如表 4-8 所述。

表 4-8 交易折扣策略的具体说明

因　素	说　明
定义	企业根据各类经销商在市场营销中担负的不同功能所给予的不同折扣
别称	商业折扣或功能折扣
目的	为了扩大生产，争取更多的利润；或为了占领更广泛的市场，鼓励渠道分销商努力推销产品
折扣方式	交易折扣的多少，根据行业与产品的不同而不同；相同的行业与产品，则因渠道分销商所承担的商业责任的多少而定
折扣规律	如果渠道分销商提供运输、促销、资金融通等功能，对其折扣就较多；否则，折扣将随功能的减少而减少
举例说明	给予批发商的折扣较大，给予零售商的折扣较少

4. 季节性折扣策略

季节性折扣策略指生产季节性商品的企业，为了扩大销售而对在销售淡季购买商品的渠道分销商给予的一种折扣优待，目的是鼓励渠道分销商提早进货或淡季采购，以减轻企业仓储压力，实质是一种季节差价。

例如，啤酒生产企业对在冬季进货的经销商、代理商、批发商、零售商给予大幅度让利。羽绒服生产企业则为夏季购买其产品的客户提供较大折扣。

5. 返利和津贴

返利指渠道分销商在按规定的价格将货款全部付给销售者后，企业再按一定的比例将货款的一部分返还给经销商。营销总监可将其用在对渠道分销商全年业绩进行年终奖励的情况下。一般在一年销售结束时，企业会根据销售渠道中不同渠道分销商的业绩，按一定比例给予返利。

津贴是企业对渠道分销商积极开展促销活动所给予的一种补助或降价优惠，又称推广津贴。常见的有广告补贴、仓储补贴以及直接给渠道分销商销售员的促销奖金等。

4.3.3　地区定价策略

地区定价策略就是对于不同地区（包括当地和外地不同地区）渠道分销商的某种产品，是分别制定不同的价格，还是制定相同的价格。地区定价策略的常见形式见表 4-9。

表 4-9　地区定价策略的常见形式

形　式	操作方法
产地定价	按产品的生产地制定交货价格，由购买方支付运输过程中的大部分费用并承担风险，卖方只负担货物装上运输工具的费用。在进出口贸易中，这类定价方法也被称为 FOB 原产地定价
统一交货定价	此方法与产地定价恰恰相反，渠道分销商无论来自何方，都可以按同样的价格进货
分区定价	根据销售市场离产地的远近，企业将整个市场划分为若干个区域，在区域内实行统一定价，而不同的区域之间的定价则根据距离的远近有一定的差异
基点定价	企业以某个城市作为基准，然后向周边的城市送货，并追加从这个基点向其他城市运输的费用

4.3.4　新产品定价策略

新产品定价是否合理，关系到新产品在渠道中的开发与推广。常见的新产品定价策略主要有以下几种形式。

1．高价撇脂策略

高价撇脂策略是指在产品刚上市时，尽可能地制定较高价格，以期在短期内能获得最丰厚的利润，迅速收回投资。营销总监如使用高价撇脂策略，通常应该在市场导入阶段针对那些目标市场上具有较高收入、对价格不太关注的经销商。不过，一旦有竞争者进入，营销总监就应逐步降低价格以对抗竞争者的挑战，吸引大经销商，进一步扩大目标市场。

当英特尔率先研制出奔腾芯片时，每个定价为 1 000 美元。这样做的直接结果，就是电脑生产商对它们的第一台奔腾电脑的定价达到了 3 500 美元甚至更高。由于价格过高，导致许多经销商只能望洋兴叹，所以一开始购买的仅仅是实力较强的、面向商业客户的经销商。但是，导入期过后，由于英特尔面对来自 AMD 等公司的竞争，所以只好将奔腾芯片的价格，以每年削减 30%的价格出售，最后终于使奔腾 PC 机的价格降到了一般家庭买得起的范围，扩大了普通经销商的进货量。通过这种方法，英特尔分阶段、从不同的细分市场渠道中赚取了最大限度的收益。

高价撇脂策略的优缺点见表 4-10。

表 4-10　高价撇脂策略的优缺点

优　　点	缺　　点
1. 营销总监利用高价产生的厚利，可使企业在短期内收回开发和研制新产品的各类费用，可获得大量资金用于扩大再生产 2. 定价高可为以后降价打下基础，对渠道分销商让渡的利润较高，可提高其积极性 3. 可以提升产品身份，形成高价、优质、名牌的市场形象 4. 对定价留有余地，如定价不当，可逐渐降低价格，这比定价偏低想调高价格要主动得多	1. 高价可能不利于新产品占领和稳定市场，容易使新产品开发失败，甚至可能在渠道中退出 2. 高价导致的高利润会极大地促进新竞争者的进入，刺激替代品、仿制品的出现

企业的新产品是否适合这一定价策略，必须综合高价撇脂策略的优缺点分析。下面我们就来测试一下，你的企业是否适合运用这一定价策略。

✎工具　新产品高价撇脂策略测试表

对照表 4-11 中的具体内容，看看新产品是否具备如下 5 个条件。如果具备就在右侧栏"是"后面打"√"，如果不具备就在右侧栏"否"后面打"×"。如果有一个"×"，就建议该新产品不要运用高价撇脂策略。

表 4-11　新产品高价撇脂策略测试表

序　号	具体内容	是否具备
条件 1	新产品具有一定的垄断性，供给缺乏弹性；新产品具有一定的技术性，不易被仿制，或是受专利保护，竞争者不能轻易进入市场	是（　）　否（　）
条件 2	新产品的需求价格弹性较弱，经销商对产品的需求强度不会因高价而受到很大抑制。例如，一些特效药品、高技术的军事产品等	是（　）　否（　）
条件 3	高价容易使经销商产生高档优质的印象。给这类产品定高价，会让经销商感觉到产品符合自己的身份，是一种地位的象征。例如，手表、珠宝等	是（　）　否（　）
条件 4	短期需求的产品以及对未来需求难以预测的产品，这类产品存活周期较短，必须用高价在短期内赚取足够的利润，否则企业就可能亏损。例如，流行时装等时尚产品	是（　）　否（　）
条件 5	有专利保护或工艺复杂的产品。有专利或技术保密系数高，模仿制造的竞争品不易出现	是（　）　否（　）

2. 低价渗透策略

低价渗透策略与高价撇脂策略恰恰相反，它是在新产品的导入期就将价格定得较低，以吸引渠道分销商的关注，吸引进货，扩大市场占有率。

这一定价方法的主要优点：一是有利于新产品尽快被市场接受，并借助大批量的销售来降低成本，以获得长期稳定的市场份额；二是减缓市场竞争的激烈程度，有利于维护稳定的渠道关系。

但是营销总监要实施低价渗透策略，仍然必须具备一些条件，见表 4-12。

表 4-12　实施低价渗透策略的必备条件

条　件	具体内容
需求弹性大	产品的市场需求价格弹性较强，降低价格能较大地增加销售量

条　　件	具体内容
存在规模效应	新产品具有比较明显的规模经济效益，只有这样才能保证企业利用低成本竞争优势来维持低价格
生命周期长	产品要有较长的寿命周期，而且市场的需求潜力要足够大

3. 温和定价策略

温和定价策略既非利用价格来攫取高额利润，也不是让价格制约占领市场。当不存在适合撇脂定价或渗透定价的条件时，企业可采取温和定价策略。例如，企业可能无法采用撇脂定价，因为产品在市场中属于普通的产品，没有经销商愿意出高价进货；同样，它也无法采用渗透定价法，因为产品刚刚进入市场，经销商在购买之前无法确定产品的质量，会认为低价低质，而不肯进货。这时，温和定价策略就成了一个不错的选择。

采用温和定价策略还有另外一个原因，就是为了保持产品线定价策略的一致性。

> 通用汽车公司的雪佛莱汽车（Chevrolet Camaro）的定价水平，是大部分经销商都能承受得起的，其市场规模远远大于愿意支付高价购买它的"运动型"外形的细分市场。这就是一种温和定价策略，甚至当这种汽车因样式新颖备受欢迎，而一度导致供不应求时仍数年不变。为什么呢？因为通用汽车跑车生产线上已经有一种采取撇脂定价的产品——Corvette，再增加一种产品不太适合，也不见得是最聪明的做法，甚至可能影响原来的高价产品的销售。在通用高层看来，将大量经销商吸引过来尝试驾驶 Camaro 的意义，远比高价销售 Camaro 能获得的短期利益要大得多。

虽然与撇脂定价或渗透定价相比，温和定价法缺乏主动进攻性，但并不是说它的执行过程很容易或者并不重要。从理论上来说，它甚至可以定到市场上最高的或最低的价格。

　　　　东芝笔记本电脑因为具有高清晰度的显示器和可靠的运行性能，所以认知价值很高，这样，虽然它的产品比同类产品昂贵，但仍然在渠道中占有了很高的份额，赢得了普遍认可。

　　与撇脂价格和渗透价格类似，温和价格也需要参考产品的经济价值才能做出决定。当大多数经销商认为产品的价值与价格相匹配时，纵使该产品价格很高，也应该归于温和价格行列。

4.3.5　产品组合定价策略

　　产品组合指一家企业生产经营的全部产品线和产品项目的组合。因为很少有企业只生产一种型号或类别的产品，所以要考虑产品在不同渠道中的分销效果，就必须统筹组合定价。产品组合中的产品项目指能够根据大小、外观、价格或其他属性明确区分的产品单元。营销总监在采用产品组合定价时必须考虑各产品项目之间的配合，其定价方式主要有以下 3 种：分档定价策略、替代产品定价策略、互补产品定价策略。

1．分档定价策略

　　分档定价策略就是将分销渠道中的产品项目按照质量、型号、规格、功能等确定不同的价格。

　　　　例如，长虹对 21 寸、25 寸、29 寸、34 寸的彩电分别定价为 1 420 元、2 360 元、3 280 元及 8 980 元。因为大屏幕彩电需求量大，定价高，获利大；小屏幕已不受欢迎，定价低以甩出陈货，但整条彩电线仍可获得较大收益。

2．替代产品定价策略

　　替代产品指渠道中使用价值基本相似、可以替代使用的产品，如肥皂和洗衣粉，橘子和广柑等。替代产品具有一种替代效应，即提高一种产品的价格，不仅会使该产品在渠道中的销量降低而且会同时提高其替代产品的销量。替代产品价格策略根据这种替代效应，有意安排本企业替代产品之间的价格比例，以达成某种营销目的。如营销总监通过提高分销渠道中畅销品价格、降低滞销品价格使两者的销售量接近。

3. 互补产品定价策略

互补产品指需要配套使用的产品，如计算机硬件与软件、电筒与电池、照相机与胶卷等。对互补产品，营销总监可以把主要渠道产品定价低一些，获利低一些，而把其配套使用的渠道产品定价高一些，利润丰厚一些。如吉利公司将吉利剃须刀架的价格定得较低，微利乃至无利销售，而通过高价销售吉利刀片获取整体效益。柯达公司以低价销售照相机，却通过提高胶卷价格赚取利润。

案例讨论 美味陈皮酥的定价策略

广东的一家罐头厂，以生产橘子罐头出名。它利用每次加工罐头剩下的橘子皮开发了一种具有养颜、保持身材等功能的美味陈皮酥小食品。

由于原材料成本低廉，1公斤只有0.18元，罐头厂的初衷也不过是废物利用、节能挖潜。所以罐头厂决定每15克袋装售价0.10元。推向市场后，罐头厂发现该产品只有个别零售商感兴趣。

难道市场不认可这种产品？经过调查，罐头厂发现，并非如此！原来妇女和儿童是零食的主要消费群体，在这方面并不在乎花多少钱，而最担心吃零食会导致肥胖，但美味陈皮酥这种保健食品正好能解决这个问题，市场不存在问题。那经销商为什么不愿进货呢？原来，此前定价过低压低了经销商的利润空间，使其对进货不感兴趣。由于美味陈皮酥属市场空白产品，定价应更主动，适合在一定阶段内采取高定价，使大家均有利可图。

于是，罐头厂决定每15克袋装售价1元，合66元1公斤，给经销商以高折扣。重新定价投放渠道后，该产品经销火爆，引来了大量的经销商和代理商进货。罐头厂甚至为此开发了系列产品。

案例提示

从 0.18 元到 66 元，定价虽提高了 300 多倍，但销售却异常火爆。这里面尽管有新产品开发的功劳，定价的作用也是功不可没的。由于市场上没有同类竞争产品，所以尽管没有任何技术含量，但这家企业选择了能为企业和经销商带来超额利润的定价策略，从而获得了成功。

讨论题目

1．该企业采取的定价策略属于何种定价策略？

2．该企业采用这种策略的条件是什么？

3．开始美味陈皮酥采取低价为何没有获得与高价同样多甚至更多的利润呢？

本章小结

本章围绕渠道关系中敏感的价格要素展开，首先对渠道价格结构进行了分析，然后重点介绍了渠道产品的各类定价方法和定价策略。

渠道价格结构分析首先阐述了渠道价格对渠道的重要性，旨在提醒中小企业的渠道管理人员重视这个问题；然后对渠道价格结构进行了分析，最后以此为基础发展有效渠道定价决策方针。

渠道产品定价方法介绍了成本导向定价法、消费者导向定价法、竞争导向定价法三大方法，并对其各自在渠道管理中的应用条件做了说明。

渠道产品定价策略详细阐述了心理定价策略、折扣定价策略、地区定价策略、新产品定价策略、产品组合定价策略等，并详细展开论述了每种策略下的各类具体应用方法。

第 5 章

抢滩登陆渠道终端

终端是分销渠道的神经末梢，是商品从生产企业到购买者手中的最后一环。因而对于整个渠道来说，终端是出水口，只有出水口畅通了，整个渠道才能活起来。

本章将重点讲解终端铺货的 6 个步骤，化解铺货阻力的 6 种方法，以及铺设渠道应注意的 5 个细节，以此来让营销总监认识到终端对销售的重要性。

5.1 终端铺货的 6 个步骤

✎ **本节要点**

1. 建立铺货的组织机构
2. 划分铺货区域
3. 为铺货造势
4. 制定方案
5. 二次铺货
6. 终端维护

铺货成功的关键在于坚持以经销商为主，充分发挥企业自身优势和销售人员的主观能动性，定好、用活促销品。为此，营销总监在终端铺货管理时，一定要建立规范的组织并制定好一定的流程。通常说来，铺货的一般流程如图 5-1 所示。

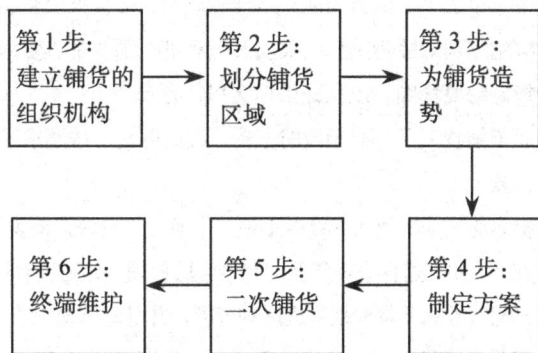

图 5-1　铺货的一般流程

5.1.1 建立铺货的组织机构

一般来说，终端铺货的机构主要由经销商的营销总监、业务经理、片区主管、业务员、仓管员、财务人员、司机、企业的驻地销售主管和相关销售人员等组成。

建立终端铺货机构的目的不是为了简单地铺货，它涉及协助经销商的一系列营销活动，如终端包装、终端理货、终端促销等各个方面。而本节主要讲述终端铺货机构中的企业销售代表与经销商是怎么做的。因为在实际运作中，铺货必须以经销商人员为主，企业铺货人员为辅。营销总监在铺货环节应该做的工作，就是弄清终端铺货是怎样进行的，并建立起规范的管理制度，给相关人员制定明确的岗位职责。

规范的管理制度是高效铺货的保证，通常来说营销总监应建立以下铺货制度，见表 5-1。

表 5-1　渠道铺货管理制度

铺货制度	详细内容
日例会制度	早上要开铺货动员会，仔细强调铺货的注意事项，强调目标和进度，以确保铺货的顺利进行。晚上要开总结会，总结铺货中的得失、目标完成情况、遇到什么困难、需要如何支持等
奖励制度	铺货过程中要及时表扬，完毕后要实施奖励，可开设多个子项目如铺货冠军（个人）、优秀团队、最佳建议奖、最优报表奖、最佳配合奖等
培训制度	实施培训对铺货工作的成功及顺利进行是非常必要的。培训的内容和要求规定得要详细，以保证培训实用、有效
纪律制度	对于铺货人员，必须按时上班、按时开会、按要求进行操作，否则要处以罚款
报表填报制度	报表必须如实填写并及时上报，一般一式三份，企业一份、经销商一份、铺货员一份，这样有利于及时总结经验教训，起到日清日结、日清日高的目的，同时有利于掌握铺货进度和规模，并及时调整
联系制度	要确保铺货过程中的及时联系，如预告线路和具体时间、开通手机，以便及时处理相关问题
请示制度	在铺货过程中遇到自己职权范围内无法解决的问题，必须请示上级。否则，造成损失，必须赔偿

而渠道终端铺货工作人员的岗位职责如表 5-2 所示。

表 5-2　渠道终端铺货工作人员的岗位职责

岗位名称	岗位职责
经理	确定机构组成，终端铺货方案的制定、决策，召集重要会议，处理铺货中的一些特殊问题等
业务经理	参与铺货机构、方案的制定，召集铺货例会，处理铺货过程中的一些日常问题
片区主管	执行业务经理的铺货任务，规划所在片区的铺货计划，组织、管理、培训片区业务员
业务员	执行铺货、记录、宣传、装卸货、收款等具体工作
仓库员	及时统计库存，及时供货，及时提醒补库存等
财务人员	及时开出发票，及时做出铺货已收账款、应收账款的日报表、周报表和月报表及财务分析表等
司机	随叫随到，保证不延误送货
企业驻地销售主管	参与设立机构、制定方案并做出决策，召集重要会议，共同处理铺货中的一些特殊问题，与经销商的业务经理召集铺货例会，处理铺货中的一些日常问题，决定企业有关支持品的合理调度
企业协销员	与经销商的片区主管、业务员共同参与铺货、记录，参加铺货例会，宣传、装卸货等，切记不参与钱账的管理，只做必要的记录和分析

5.1.2　划分铺货区域

一般来说，营销总监可将终端铺货市场分为 3 类：批发市场、店铺货场、便利店市场。其中批发市场主要指城市的中心批发市场和周边批发市场及国有二、三级批发门市部；店铺货场主要指城市及近郊的商场、百货店、超级市场、量贩店、专业店等；便利店主要指在城市市区和小街道旁的小商店。

在这 3 类终端铺货市场中，批发市场相对集中，铺货不存在较严格的区域划分，主要是对店铺货场和便利店市场的划分。针对这两种铺货市场，营销总监在区域的划分上可采用以下几种方法。

① 城市中心、近郊、周边县城及重点镇的划分。

② 城市行政区域的划分。

③ 按主要街道进行划分。

不管是哪种划分，营销总监都要根据产品的性质、企业的资源、经销商的资源来划分。但一般来说，任何产品的终端铺货都可遵循以下顺序：先城市后农村，或先农村后城市，或城市、农村一起进行。一般企业多采用先城市后农村的做法，在城市主要按街道区域划分。但也有许多国内医药保健品企业，以农村包围城市进行发展，成功的案例也不少（例如，当年的三株集团）。

终端铺货应该遵守原则性、系统性要求，这样才能达到高效率。比如，在城市按主要街道来划分的终端铺货是根据线路原则来进行的，在任何一个区域、县城和镇都必须遵循这条原则，否则就会出现铺货混乱的现象。

5.1.3　为铺货造势

造势是终端营销的核心，通过造势可唤起目标消费者的好奇心，激发其从众心理，活跃现场气氛，从而使其产生购买冲动。营销总监需要考虑的，就是如何为产品招来更多的消费者注意。

> 可采眼贴膜为化妆品铺售造势做出了表率。可采在上海的形象专柜总是设立在繁华的商场、药店、超市或其附近，且每个专柜都至少有一名可采小姐导购促销。从其现场宣传品、专柜、易拉宝、折页、广告包装盒等的有序摆放，消费者能感受到可采的热销氛围。在徐家汇港汇广场内地铁出口处、一层商场中心或地下超市入口处，常常可见到可采的形象展示活动会场，整体给人高品质形象，起到了极佳的造势效果。

在企业进行铺货的过程中，铺货与广告的关系问题是每一个营销总监所面临的最现实问题，下面是营销总监在铺货中常采用的几种广告策略。

1．铺货先广告而行

这种策略也都是很多营销学理论中所强调的，首先完成铺货，在铺货之后 1～2 周，再开始做广告。

这种策略的优势是广告投入风险相对来说较小，广告费用相对减少；劣势是难以开发有实力的经销商，缺乏广告的支持，企业铺货阻力大，容易造成市场"夹生饭"。

2．广告先铺货而行

这种策略的优势是可以有效地消除潜在经销商的顾虑，生产企业可以快速形成一个销售网络；劣势是如果铺货严重滞后，就会造成广告浪费，导致看到广告的消费者想买却买不到，当消费者的购买冲动不能及时、迅速地转化为现实购买，那么消费者的热情就会退却。

3．广告与铺货携手共进

这种策略的实施方法是广告与铺货交叉、迭次进行，在效果上好于前两种策略，也是许多营销总监青睐的铺货广告策略。

5.1.4　制定方案

在进行终端铺货前，还必须做一个详细的铺货方案，这可以说是铺货顺利与否的关键。表 5-3 提供了一个渠道终端铺货方案格式范本，营销总监可以了解一下。

🔧工具　渠道终端铺货方案格式范本

表 5-3　渠道终端铺货方案格式范本

方案结构	方案要点
铺货的产品种类、规格、数量等	在制定终端铺货方案时，一定要突出主铺品种、次铺品类，以便于启动市场。第一次铺货最好铺同一类型的品种
目标区域的推进计划	这是指在终端铺货时，要确定先铺城市还是先铺农村；先铺批发市场还是先铺终端零售市场。不管采用怎样的铺货顺序，一定要循序渐进，主次分明。否则，铺货很容易失败
铺货的详细路线	确定详细的铺货路线，可以节约时间，提高铺货效率

续表

方案结构	方案要点
铺货的价格	在终端铺货的过程中,可以根据一次进货量的多少分 2~3 个等级的价差,以此来刺激终端进货,尤其是批发市场的分销商、大卖场和连锁店进货。但如果是赊销的话,就要尽量控制赊销量
铺货的范围及重点	根据经济领域的二八原则,终端铺货应把重点放在卖场,除了做好这一领域的工作外,还要广种薄收,做好其他终端铺货,日用消费品更是如此
制定目标区域整体市场和局部市场的铺货计划和货源的调度	其中货源可考虑从经销商仓库调度或企业仓库装货,或者两者结合
促销品的品种选择与配备	详细配备促销品的品种、规格、数量以及促销品配比率等。所谓促销品的配比率就是促销品与产品数量的比例
货款回收的形式及控制	在制定终端铺货方案时,必须确定货款的回收形式、应收账款的控制、管理及回收等。同时现款进货与赊销必须不同。对便利店和小型个体店必须坚持现款现货,并给予一定的铺货奖励。对于在启动期确实难以铺进的便利店,待市场启动后,只要有利可图,也应尽量铺进去
铺货数量	第一次铺货数量不宜太大,待摸清月销量后,再制定详细的铺货量。对于现金拿货,则可适当加大铺货量
铺货目标	铺货目标要量化,以便考核
铺货人员	对铺货人员应加强选拔、培训、安排,以促进铺货成功

5.1.5 二次铺货

一次铺货和终端促销进行一段时间后,要及时进行二次铺货。二次铺货是整个终端铺货工作中必不可少的环节,也是经常被生产企业和经销商所忽视的环节。二次铺货主要工作如下。

① 对已铺货的市场区域进行巡访,了解一次铺货的终端销售情况,做到及时补货并做好相关激励政策的落实。

② 检查区域内的空白市场,对遗漏的终端查缺补漏,同时对未能进入第一

次铺货的终端进行二次谈判，争取进入。

③ 优化网络质量，清理淘汰那些积极性不高、陈列效果较差、违反价格政策以及出货能力较差的终端。

当然，营销总监应该提醒本企业铺货人员，在和经销商进行沟通和协商时，在方式、方法上要讲究技巧和尺度，避免出现较大冲突，给市场造成负面影响。

5.1.6 终端维护

铺货结束后，还要对终端进行维护，这也是生产企业的销售人员必须做的工作，即销售人员要将各个终端激励政策、结算时间、进货数量、陈列标准和竞争对手情况等资料及时记录，形成动态的终端档案。不仅如此，营销总监还要指导销售人员，对终端 A、B、C 市场，制定相应的维护标准和管理规范，保证日常终端维护工作的效果，这样才能将铺货的成果巩固和扩大，形成真正的终端优势。

营销总监在指导销售人员维护终端时，应注意如下注意事项。

① 加强沟通，给予终端商支持和管理指导。不管是区域市场的造势预热，还是终端助售支持和消费者拉动，都需要生产企业的资源投入。同时，具体铺货工作的合理计划和组织实施也需要生产企业营销总监提供专业的指导和协助。

② 关注竞争对手的品牌，攻击其薄弱环节。铺货方案除了要关注和分析消费者，还要关注竞争对手，找出其薄弱环节，进行针对性地攻击；同时要预测和判断它们可能的反应，做好应对方案，避免铺货工作受到干扰。

③ 重视二次铺货。二次铺货是巩固铺货成果不可缺少的环节，是保证整个铺货质量的关键。它既是铺货工作的结束，又是终端网络维护的开始，所以营销总监和经销商应在资源和人力上保证二次铺货的质量，并完善相应的职能。

案例讨论 华龙面打入河南市场的策略

华龙面在对河南这个大市场进行铺货之前，曾进行了深入细致的渠道市场调查，调查显示：在河南这个市场上，价格因素是竞争的主导因素。根据这一调查结果，华龙集团推出了物美价廉的六丁目方便面。华龙先进行了小规模的市场铺货，然后打出了广告语"惊人的不脆（贵）"。这则广告一经打出，就受到了市场的瞩目。少量铺入市场的六丁目方便面很快售罄，经销商和零售店纷纷要货。华龙为了降低销售成本，又采用了饥饿营销策略：让渠道缺货。许多经销商和各类终端卖场为了进货，纷纷降低进场要求，有的降低进场费，有的答应中高端品牌捆绑进货要求，让华龙产品占领货架。这样，华龙面就迅速在河南这个方便面大市场铺开，华龙终于通过六丁目在河南市场占据了一席之地。

案例提示

华龙面实施的显然是广告与铺货携手共进的策略。华龙集团通过铺货调查，了解经销商和零售商对产品、企业铺货政策的态度，有针对性地制定广告投放策略、媒体策略和铺货政策，修正铺货策略和广告投放计划，从而大大提高了广告与铺货的成功率。

讨论题目

1. 分析华龙面采取的铺货策略的优势，想象一下如果华龙面采取先铺货再打广告的策略，会不会收到预期的效果？

2. 华龙面为何采取两轮铺货策略？如果采取一轮铺货策略，会有什么劣势？

3. 如果河南市场的竞争不是价格导向型的，华龙面是否还适合采取这样的铺货策略？

？ 思考

1. 请你结合本企业产品的特征和竞争环境，分析一下本企业的产品在进行二次铺货时有什么需要改进的？

2. 通过本节的铺货工具，检视一下本企业在铺货制度建设方面还存在哪些缺漏或不足？

5.2 —• 化解铺货阻力的 6 种方法

✎ **本节要点**

1. 铺货前做好市场调查
2. 制定铺货激励政策
3. 赠送铺货产品
4. 抓标杆，立典型
5. 巧搭顺风车
6. 撬动消费者杠杆

营销总监应该记住，销售的首要问题是解决产品和消费者见面的问题，其次才是让消费者愿意购买的问题。对产品而言，铺货就是抢滩登陆，产品一旦铺进商店，该店便可能成为该产品的永久阵地，同时占用了零售商的有限资金，降低了其对竞争产品进货的可能性。

由于终端的货架资源有限，零售终端的进入门槛越来越高，新产品又层出不穷，尽管铺货很重要，但铺货还是有一定的难度。特别是对于中小企业来说，产品知名度不高，企业的推广费用有限，终端铺货总会遇到很大的阻力。那么，营销总监应采取什么样的策略才可以有效减少这些阻力呢？

5.2.1 铺货前做好市场调查

实施有效的终端铺货调查是化解铺货阻力的第一关。营销总监只有仔细分析市场机会及企业优势，才能充分了解和分析目标市场、销售终端等状况，从而顺利开展铺货，且防止资金及人员的浪费。

市场机会就是企业获取利润的机会，即市场上未满足的需求。所以，为了得到市场机会，企业终端建设人员必须对铺货的场所进行专门的调查研究，千方百计地寻找、发掘、识别市场信息，然后加以分析、评估，以确定是否对该销售场所铺货或者采取什么样的方式铺货。

终端调查中最重要的就是对消费者的调查，调查程序和内容如下。

① 对消费者购买行为进行观察。观察时应以 30 分钟为一个观察期。

② 对消费者年龄段进行分析。对消费者年龄段的划分，应切合实际。

③ 对消费者的职业进行分析。对于消费者的职业，通常划分为学生、家庭主妇、白领阶层、蓝领阶层、无业人员等。但具体划分时，必须结合铺货的产品进行分类和分析，以做出切合实际的判断。

④ 计算各类消费者的百分比。规定各类消费者的总和为 100%，计算各类消费者的百分比。

⑤ 再以"多少人来买"进行分类，计算相应的百分率。

⑥ 在上述基础上，进一步按各类商品计算。

⑦ 与其他终端卖场进行对比。进一步观察记录消费者的购买行为，并与其他终端卖场进行对比分析，确认同样的消费者购买行为有何不同。

⑧ 记录消费者其他方面的情况。

铺货前进行深入细致的市场调查，会使铺货行为有的放矢，减少进入阻力和代价。

5.2.2　制定铺货激励政策

铺货激励在实践中用得较多。为减少铺货阻力，特别是在产品上市时，营销总监一般要配合经销商给予渠道成员一定的铺货奖励，从而拉动下一级批发商和零售商进货。

铺货激励政策有很多种，最常用的有定额奖励、开户奖励、坎级奖励、进货奖励、陈列奖、促销品支持、免费产品和现金补贴、铺货风险金等。

5.2.3　赠送铺货产品

营销总监如果采用现款铺货无疑会提高推广成本，这对于快速消费品而言得不偿失，与其花费大量的财力去现款铺货，还不如通过赠品的方式把实惠让渡给零售商。

赠品策略很多企业都在采用，但是赠品又是一把双刃剑。一方面它在一定程度上可以促进产品铺货，树立企业形象等；另一方面如果运作不好，不但效果大打折扣，还会使企业的利润受到不必要的损失。那么营销总监该如何用好赠品策略呢？

① 制作和购买赠品要制定预算。在预算的范围内制作和购买赠品，可以防止赠品的无计划制作和购买超出企业可以承受的范围。

② 制作和购买赠品要考虑和结合市场需求。如果赠品市场不接受，赠品就等于一堆废品。

③ 赠品使用要考虑竞争产品的情况。如果赠品已经被竞争产品在市场使用过，营销总监再在同样的市场使用同样的赠品，则赠品的价值和效果就不会很出彩。

> 某企业为了在某一区域压制竞争产品，推出力度较大的赠品铺货活动。但是铺货活动进行了一段时间后，并没有起到什么效果。
> 后来该企业发现根本的原因不在于铺货力度，而是赠品的选择出现了问题。原来该企业的竞争产品刚在市场上搞了一个"进 20 件产品送一把雨伞"的促销活动，该企业的铺货活动只是"进 10 件产品送一把雨伞"，从力度看，该企业的投入力度超过竞争产品一倍。但是由于竞争产品搞活动的时间在前，二级批发商的仓库内已经有竞争产品送的大量雨伞，再向二级批发商送雨伞，它们根本就提不起兴趣。经过与二级批发商和经销商沟通，该企业果断地停止了赠送雨伞的活动，而是调整为二级批发商喜欢要的饮料，最后铺货量猛然增加了 3 倍。

赠送铺货产品适用于上了货架后就会产生自然销量的低价快速消费品。通常情况下，单价较低、容易购买的产品，就比较适合采用这种方式，如调味品、膨化食品、饮品等。通过赠送铺货产品的方式启动市场不失为一种高效、科学的铺货策略。

5.2.4　抓标杆，立典型

在铺货过程中，营销总监可以重点出击，先启动少部分优质终端，抓标杆、立典型形成榜样。这样做的目的主要是为建立经销商和零售商的信心。通过对少部分优质终端做好铺货工作，为其他终端形成示范，进而为全面占领市场打下基础。

采用这种方法时，可选择如下几种策略。

1. 点、线、面联动

这种策略的要诀是"以点切入，以点带线，以线带面"。具体操作方式是，以优质的铺货点的启动来拉动各类销售终端的铺货。由点到线，使产品成系列；然后再由线到面，增加铺货面；最后开辟出一个属于自己的全方位、立体化的市场空间。

优质铺货点的认识方式有许多种，例如，营销总监可以选取交通便利、辐射面大、经营状况良好的卖场作为试点，租借大零售终端的场地，做现场促销。详见图 5-2。

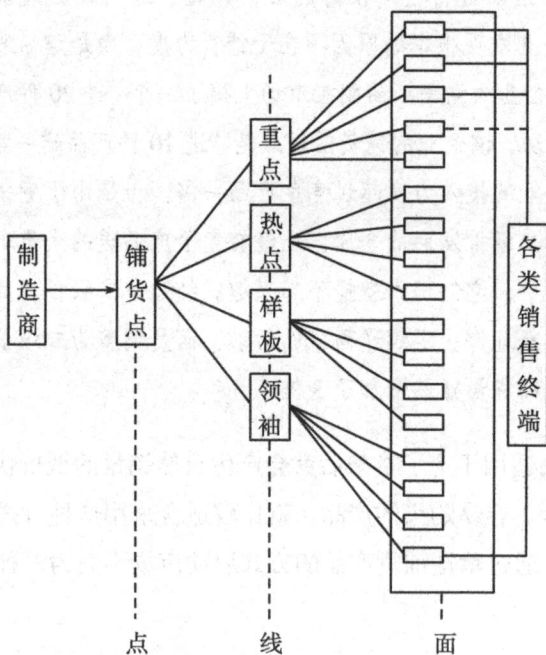

图 5-2　铺货点、线、面联动

2．启动终端市场的领头羊

大型零售终端是终端市场的领头羊。它们本身便能为企业带来巨大的销量，更重要的是其对整个零售商群体具有很强的示范效应。同时，它们是消费者最常光顾的购物场所，是消费者了解市场信息的最主要渠道之一。所以，营销总监要千方百计地开发其最大示范潜力，把工作做到实处。

3．建立榜样店来减少铺货阻力

对于营销总监来说，在铺货时还可以通过建立榜样店的模式，来减少铺货阻力。营销总监可以集中营销资源，开发一些容易突破的局部市场，建立榜样市场或榜样店，将有限的人力、物力、资金集中，促使该局部区域市场良性循环，营造良好的销售氛围。然后，再利用该榜样市场的示范功能来影响其他区域市场。

5.2.5　巧搭顺风车

营销总监可以采用巧搭顺风车策略，也就是把入市较难的新产品或者是弱势产品和畅销产品捆绑销售，利用原有畅销产品的渠道来带动销售，提高新产品的铺货率。

> 荣华西饼在某市找了经销当地品牌正鑫果酱的经销商做代理。为了让荣华西饼迅速到达终端，缩短铺货时间，荣华西饼采取与正鑫果酱捆绑销售的方法，以降低铺货的难度，增加终端主动销售的效果。它们规定：凡在铺货期间购买一份荣华西饼，均配一瓶正鑫果酱。
>
> 众多终端零售店均表示愿意接受这样的销售方式，荣华西饼的铺货工作因而十分成功，终端到达率超过85%，该市的商场、超市、零售店等消费终端在短时期内都摆上了荣华西饼。

5.2.6　撬动消费者杠杆

产品在铺货时如果阻力实在太大，可以考虑先从消费者角度逆向启动，以消费者为杠杆撬动经销商。企业只要赢得了消费者，经销商对该产品就有了信心，就会主动要求经销该产品，铺货的阻力就会大大降低。先启动消费者，再铺货的策略需要在消费者身上做足文章，千方百计地调动消费者的热情。

工具 铺货标准化的内容

铺货的标准化、流程化、规范化，可使铺货工作有章可循，有"法"可依，减少铺货差错，从而达到铺货效果的最大化。如表 5-4 是铺货标准化的内容及说明，营销总监可参考、借鉴，从而使自己企业的铺货过程更加顺畅、高效。

表 5-4 铺货标准化

规范内容	说　　明
市场铺货作业内容的规范	包括：正常补货，陈列改善，新品铺货，促销执行，客户投诉处理，信息收集，表单填写 注意：能够量化的内容一定要进行量化和细化，以便于督察
铺货拜访步骤的规范	1. 进店前的准备：整理服装、仪容；检查、更新、张贴店外海报 2. 进店后开场白：在适当的位置、适当的时间与客户交谈 3. 检查货架排面库存：盘点货架上存货、仓库存货；检查堆头或特殊陈列区 4. 理货：使己方产品陈列在更好的位置；检查并用先进先出原则调整客户库存；记录即期品数量、货龄；对未上货库存进行整理、封箱等 5. 销售补货：根据产品库存向客户提出专业的订单建议 6. 促销产品铺货：介绍企业本次促销活动，并确定今日订单 7. 异议处理：对即期品向店主提出警示，对职权范围内的客户异议及时答复 8. 行政作业：张贴、悬挂 POP、条幅；了解并记录竞争产品促销信息；最后道别出门
铺货周期的规范	铺货要想取得持续的好效果，就必须定期、定时、持续地铺货，绝不可三天打鱼，两天晒网。比如，对核心客户，一个礼拜要铺货或巡访一次；对重点客户，10 天左右铺货一次；普通客户半月左右铺货一次等

案例讨论　D 玩具生产企业赠品铺货的失误

为了促进产品销售，D 玩具生产企业的公关部门策划将带有企业标志的塑料熊作为企业的公关宣传品随产品赠送。他们认为，一方面这样可以宣传企业形象，另一方面会促进产品销售。

令企业大感意外的是，塑料熊分发给经销商后遭到了经销商的冷遇。原因是他们在向零售商进行赠品发放时，零售商不知何故不愿接受此类赠品。结果可想而知，分发到各个销售终端的塑料熊被大量退回企业库房。无奈之下，企业只得自己去廉价处理这些二手塑料熊。结果，不但促销效果全无，还必须承担不必要的经济损失。

案例提示

赠品应尽可能选择企业自身生产的产品，也就是铺货的产品本身。如果选择其他产品，也尽可能是与铺货产品有关联性的产品。不管最终选择了哪类产品做赠品，首先要考虑制作和购买赠品是否符合渠道需求。如果渠道成员不接受，赠品就等于一堆废品。

讨论题目

1. 分析一下，赠品遭拒可能会导致的铺货结果。
2. 从市场营销的角度，分析 D 玩具生产企业以塑料熊为赠品有何弊端？

? 思考

1. 铺货前的市场调查与常规的市场调查有什么区别？为什么铺货前的市场调查是化解铺货阻力的第一步？
2. 请结合本企业的产品特征，分析一下如何借助终端领袖来扩大铺货量。

5.3　铺设渠道应注意的 5 个细节

本节要点

1. 找准铺货的最佳陈列点
2. 调动终端零售商的积极性
3. 做好对终端铺货的监督
4. 掌控终端
5. 规避终端铺货的 4 大误区

5.3.1　找准铺货的最佳陈列点

渠道扁平化是激烈竞争导致的一个必然趋势。良好的商品陈列不仅可以方便消费者选购、刺激消费者购买，而且可以借此提高企业产品和品牌的形象。因此，陈列正日益受到广大企业的重视。许多营销总监为了给本企业产品争取到一个好的陈列位置，也不得不绞尽脑汁，使出浑身解数进行公关。

那么，什么是最佳陈列点呢？

在便利店、杂货铺等传统小店与超市中，因具体情况不同，受关注的最佳陈列点也有所不同。表 5-5 将这些陈列要点分别列出，以方便营销总监鉴别和利用。

表 5-5　各主要卖场最佳陈列点

各类卖场	最佳陈列点分布
传统小店	1. 柜台后面与视线等高之处 2. 中间靠左的货架位置 3. 靠收银台很近的位置 4. 离老板最近的距离 5. 柜台上展示区的位置

各类卖场	最佳陈列点分布
超市	1. 与目标消费者视线基本一致的货架 2. 人流量最大的通道，尤其是多人流通道的左边货架位置，因为人们一般有先左后右的扫视习惯 3. 货架两端或靠墙货架的转角处 4. 有出纳通道的入口处与出口处 5. 靠近大牌、名牌的位置 6. 纵向陈列的货架，因为人的纵向视野较横向视野更大
专卖店	1. 堆到一起比较突兀的出入口位置 2. 畅销产品的旁边位置

随着终端促销货架位置争夺的白热化，企业稍不留意，就会被竞争对手挤进。不过在市场日益复杂的今天，要想抢个好位置并不是那么简单的。作为营销总监，应该开动脑筋，用创意来取胜，才有可能抢尽风头。

　　某日化用品企业的销售人员利用对终端进行定期拜访的机会，与销售终端联络感情。虽然说大型终端产品陈列一般是根据产品销量等情况而定，但是其中主观性因素也很多，所以销售人员与相应负责人关系处理好的话，完全可以与之进行协调，尽可能将自己的产品维持在好的陈列位置。他们通过和营业员聊天，节假日赠送一些小礼品等，与营业员建立了良好的关系。这样销售人员想做的终端工作，营业员基本就替他做了，甚至还主动地向消费者推荐其产品。

　　该企业又通过特价活动、买赠活动等与卖场进行销售渠道谈判，争取到如堆码、端架、花车等特殊陈列支持，并同时扩大货架陈列面积，且继续占据被扩大的陈列区域。

当然，营销总监要根据自身产品来施展策略，而不能一味去效仿。要赢在铺头，就必须让产品有个好位置，以便在成堆的商品中脱颖而出，这样，消费者才有可能由"心动"变"行动"。营销总监不但要自己制定策略，更重要的是要帮助一线销售人员学会制定、使用这些策略，从而让本企业产品占尽天时、地利。

5.3.2　调动终端零售商的积极性

1. 制定高效的激励政策

在产品铺货阶段，经销商投入了大量人力、物力、财力对终端市场进行开发。营销总监应制定高效的激励政策对终端零售商施以奖励和控制，以调动经销商铺货的积极性。表 5-6 列举了需要对终端进行奖励的情况以及在铺货时应关注的控制点。

表 5-6　需要对终端进行奖励的情况及控制点

奖励的主要情况	控 制 点
铺货率的较高	促销费用如何落实
产品陈列位置较好	赠品是否真正用于消费者身上
POP 广告发布醒目有效	是否有窜货现象
信息反馈及时真实	铺货的配合情况

对终端进行奖励很多营销总监都在做，累计销量折扣的方法被采用得较多。营销总监可根据所在企业的情况，设计短至 1 ~ 2 个月，长至一季或一年的统计周期，根据该周期内经销商发货单，整理相应的累计销量。营销总监在确定某周期内累计折扣的起点及不同档次时，应考虑淡旺季、市场成长度、其他同类商品销量、本商品上周期销量等因素，具体问题具体分析。

营销总监对终端进行奖励时，奖励的方式不宜使用现金，应以奖励同类商品为主，或者也可以考虑通过粉饰店面、更换店牌、提供销售设备等手段来进行奖励。

2. 商品要有差价

利润空间的大小直接影响着经销商尤其是小型零售商经销商品的积极性，这是影响他们积极性的首要因素。小型零售商在决定是否销售某种商品、是否准备努力推销某种商品时，首先考虑的不是这种商品是否名牌、质量如何、生产企业信誉怎样，而是商品能否赚钱。因此，营销总监在给销售渠道各环节定价时，不仅要考虑面对最终消费者的零售价格，同时也要认真考虑经销商进价、售价的高低，使它们能有足够的利润空间。此外，营销总监在给小型零售商留下令他们心动的利润空间的同时，必须加强销售渠道的管理，让小型零售商能真正长期享受到一定的利润。因此，要确保商品差价能真正调动起小型零售商的积极性，并对其做好控制，就必须重点做好如表 5-7 中所示的工作。

表 5-7　保证商品差价的工作要点

工作内容	工作重点
定价决策工作	1. 参考当地小型零售商所有商品的平均毛利率 2. 研究生产企业竞争对手的同类产品在该地零售环节利润率的高低
价格保护工作	1. 加强对经销商或市场代表的管理，防止它们任意涨价 2. 对为了排挤竞争对手，利用商品进行恶意价格竞争的小型零售商，停止供应商品

在定价决策一项，一般情况下，知名度较低的商品或新产品的利润率应相对高一些，名牌商品也应接近平均利润率。

3．免除小型零售商后顾之忧，降低风险

每个生产企业都有一套销量折扣方案，不过这套方案主要是为各级经销商、大型零售商设计的，门槛很高，小型零售商就是再努力也很难享受到这样的销量折扣。目前，很少有生产企业制定专门针对小型零售商的折扣政策。其实小型零售商的经营业绩差别较大，它们当中也有一些在某些商品的销售方面有着不俗的表现。营销总监也应对小型零售商制定门槛适宜的销量折扣政策，让它们知道大量销售有利可图，从而调动其销售某种商品的积极性。在具体的操作过程中，有的生产企业采用整箱的大包装中附赠奖金、分值卡等形式，以刺激小型零售商以整箱为单位进货。

小型零售商由于资金较少，预测市场变化的能力不足，故经营作风比较谨慎，多采用少量多次的进货方式。对新上市的商品，或本店未曾销售过的商品往往持观望态度。营销总监可以采取适当的措施打消他们的顾虑，调动他们进货的积极

性，详见表 5-8。

表 5-8　免除小型零售商顾虑的措施

可采用的具体措施	该措施的适用情况
采取全部商品代销或第一批商品代销的方式	知名度不高的商品可做此选择
向小零售商承诺若销路不好，可以调换本生产企业的其他畅销商品	拥有系列产品的品牌可做此选择
承诺无条件退货	生产企业对自己的商品市场前景充满信心时，可做这种承诺

在采取措施增加小型零售商进货信心的同时，生产企业的市场代表应注意回访间隔时间不宜过长，补货应及时。

5.3.3　做好对终端铺货的监督

目前，很多企业在铺货时都面临着这样的问题：铺货人员根本不顾及产品是否摆放在货架上，或者虽然摆放得合理，但售货员却将产品放在消费者根本看不到的地方，降低了产品销售率。由此可见，营销总监应注意做好对终端铺货的监督。

表 5-9 列出了终端铺货监督工作的要点事项。

表 5-9　终端铺货监督工作要点

工作内容	工作要点
建立终端铺货报表系统	铺货报表主要包括：终端铺货记录表、终端铺货失败记录表、终端铺货结构分析表、终端铺货跟踪服务表。这些表格要求铺货人员必须认真填写，企业定期收回。根据填写情况，及时分析铺货对象下次的供货时间和拜访时间，以保证与终端商良好的沟通
业务人员要定点、定时巡访	业务人员应时刻注意产品摆放在最佳位置，保持产品整洁完美，让产品始终以诱人的姿态展现在消费者面前。在国外，著名生产企业都有专业理货员，每天奔波于各售货点帮助店员理货，可见产品陈列对于销售的重要性

续表

工作内容	工作要点
注意最前沿信息的反馈	业务人员应利用在市场的最前沿的机会，与零售店、消费者加强接触，通过收集零售店员工对产品态度、价格渠道建议，消费者对产品质量、口味、包装、价格反应，及各竞争企业对终端促销活动等信息，及时向市场销售部反馈，便于本企业快速做出反应并及时调整决策方案
加强对铺货人员的管理	铺货人员是终端铺货的执行者，所以铺货人员应注意自身言行，维护企业和产品的整体形象

营销总监应加强对铺货人员的管理，可通过如下两种方法进行。

1．激励管理

对铺货人员的奖励可以从多方面入手，如根据铺货量、铺货率、铺货完成时间等制定相关的奖励制度。奖项设立要体现公平、公正、公开的原则。关于回款，企业在制定激励政策时可设立专门的奖项，这样不仅可以调动大家的积极性，还可以解决货款回收难的问题。

2．培训

在对铺货人员培训时，一方面要加强岗前、岗中培训，增强终端铺货人员的责任感和成就感，使其大胆放手工作；另一方面，营销总监应身体力行，必要时与终端铺货人员协同拜访，并给予其理论和实践上的指导，发现问题及时解决，不断提高铺货人员的业务水平，以适应更高的工作要求。同时，这些做法可以增进营销总监对终端人员各方面工作情况的了解，提高培训计划的有效性并增加团队的稳定性。

5.3.4　掌控终端

对消费品行业而言，最常用的一个办法就是直接掌控终端，即直接掌控经销商的下家。有一些营销总监是顺着做市场，即先在当地找到合适的经销商，然后在帮助经销商做业务的过程中，逐步掌握经销商的下家和当地零售店；也有一些营销总监是倒着做市场，即营销总监没有直接找到合适的经销商，或者是根本没找经销商，而是先做市场再做渠道。营销总监通过让销售人员直接和当地零售店发生业务关系，在零售店进行促销炒热整个市场，使产品在当地热销。当主动权掌握在营销总监的手上时，再通过招商方式选择合适的经销商来管理市场，这样渠道的建设也就完成了。

不过，上述两种方法并无根本不同。无论前一种方法还是后一种方法，都以掌控零售店为最根本目的。营销总监希望让零售店认同产品、认同品牌、认同生产企业，而不是认同经销商。这样做的好处，就是营销总监可以在觉得经销商做得不好或者和自己出现经营矛盾时，可以把零售店切换到新的渠道而不影响销量。终端掌控的具体内容如表 5-10 所示。

工具　终端掌控主要内容一览表

表 5-10　终端掌控主要内容一览表

工作内容	说　明
建立基本的档案	制作零售店分布的位置图，建立零售店档案，建立主要门店服务员档案，建立竞争对手的档案，建立经销商档案等。这些档案要经常更新，保证基础资料的准确性和完整性
建立零售店的会员体系	定期举行活动，增加零售店和生产企业的互动和联系。有条件的单位可以建立零售店店员的会员体系，定期让会员参与活动，根据店员销售数量进行积分式奖励或其他方式奖励
促销活动	营销总监要把促销活动落实到终端，只有这样促销活动的结果才能更有效，才能增强终端与企业的感情，增强营销总监的影响力和号召力
培训店员	对店员的培训可以增加其对企业和产品的认同，有助于店员全面了解产品的性能、特点和指标，增加销售技巧

以上只是掌控终端的几项内容，在具体操作时，最重要的是建立一个完善的档案，也就是要熟悉当地市场状况并努力建立维护终端的基础数据库。

5.3.5 规避终端铺货的 4 大误区

渠道的终端是柜台，务必要占领，但很多企业占领了柜台，却没占领市场。铺货是销售的一个过程，而不是全过程。当柜台占领之后，还需让消费者对该产品和品牌产生认同。但很多营销总监却犯了错误，赢得了中间商却失去了消费者。这些都是终端铺货的误区造成的。最常见的终端铺货误区有 4 大类，详见表 5-11。

表 5-11 终端铺货的误区

误区种类	导致的结果
铺货战略误区	赢得了点，却丢掉了面；赢得了局部利益，却丢掉了长远利益
铺货执行误区	有效铺货少，无效铺货多
铺货成本误区	提高了市场占有率，却降低了利润率
渠道关系误区	赢得了零售商，却失去了为企业带来长远利益的消费者

1. 铺货战略误区

① 有些营销总监过多地注重营销策略的某一点，如促销策略、产品策略、价格策略，却忽视了营销组合。

② 有些营销总监只注重眼前利益，却忽视或弱化了对市场营销的核心——品牌的塑造，以致造成了对品牌形象的伤害。

2. 铺货执行误区

（1）产品的匹配性误区

什么样的产品进什么样的店，是营销总监应该事先进行研究的内容。比如，中高价位的产品如果在便民店铺货，那就会投资大见效小，因为这里极少有合适的消费者，购买和消费过程几乎不会在这里发生。

（2）铺货的执行力误区

铺货铺不到位的情况在很多企业都存在。哪怕营销总监的终端策略再完美，可如果铺货人员执行不到位，也会出现"货铺上了，但是 POP 下面是别人的产品"这样的窘况；或者是货物被终端商放在了仓库里，而没有摆到门面和柜架上。

（3）培训成本误区

多数营销总监讲究的只是"支付上架"，即愿意为了产品摆上货架而支付一定费用，却不愿意支付终端促销人员和零售商的培训费用。如果促销人员对产品知识和消费者心理一点不知，就会导致产品个性和核心卖点不突出。这样，只有"价格高"而没有"产品优"的无效促销行为，便自然地发生了。

3. 铺货成本误区

这种误区的具体表现及后果见表 5-12。

表 5-12　铺货成本误区表现及后果

铺货成本误区表现	导致的后果
铺货成本过高	价格与价值的背离，导致了产品定位的偏离和价格竞争上的劣势，恶化了终端竞争秩序，最终使自己的利润空间被吞食
拼抢终端阵地投入过大	加大企业销售投资和流动资金的占压，使资金运动效能降低，逼着企业向亏损方向发展，最终拖垮了企业
只计算流通成本，不计算消费成本	只计算自己的价格构成而不计算消费者因品牌不忠诚而直接转化的营销成本。结果会导致低水平重复投入，但效益欠佳

4. 渠道关系误区

① 以自我为中心的促销，忽略了以消费者利益为卖点的营销，注意到了对经销商利益的保障，却忽视了消费者的利益。

② 占有"柜台"加强终端促销力度，但导致消费者支付的成本过高。如果营销总监在终端铺货时只是占有柜台，而没有获得消费者的认同感，那也是无效的。

③ 促销过度，使消费者产生逆反心理。如果营销总监对终端的促销力度过度，忽略了消费者的心理成本，那就可能引起消费者排斥购买，反而得不偿失。

总之，消费者已从愚昧消费时代走到了理性消费时代。他们消费某产品，一是依靠以往的消费经验，二是根植于他们对某产品或品牌的知名度、美誉度和心理感受。所以在现今的市场上，营销总监进行终端促销时，要能打动消费者并给其更多的利益，否则促销必然是劳而无功的。因为消费者越来越多地注意到消费某产品所应支付的品牌价值个性和产品所形成的成本。

案例讨论 E 品牌牙膏 B 卖场陈列之误

E 品牌牙膏是国际知名牙膏品牌，价格高于同为知名品牌的高露洁。但 E 品牌牙膏在 B 卖场陈列时却出现了一些失误。

B 卖场是一个规模较大的超级市场，牙膏品牌自然应有尽有。E 品牌却与很多国内低价产品放在一起，而高露洁、佳洁士等知名牙膏品牌产品都在这个陈列区的另一端。

E 品牌和国内低价品牌陈列在一起，很快便出现了问题。

首先，品牌优势荡然无存。E 品牌和国内低价品牌陈列在一起，很自然会引起消费者的联想和疑问——消费者无法理解国际品牌为何与廉价产品为伍。

其次，陈列位置不当，接触不到目标人群。B 卖场的消费群体是周边的人群，这些人群有较为固定的光顾区域。所以他们非常清楚自己需要的产品档次和位置，买高价位产品的人不会注意低价区，相反的情况也一样。最终导致了 E 品牌月销售只有几百元的尴尬局面。

案例提示

产品陈列位置的选择直接影响产品在消费者面前的曝光频率，进而影响销售绩效。为了醒目，必须便于消费者发现、选择商品。同时要注意周边产品的性质、价位与自己的目标市场定位是否契合。

讨论题目

1. E 品牌市场营销失败的原因是什么，请总结一下。

2. 如果你是 E 品牌的销售人员，你将怎样调整自己的陈列策略？

? 思考

1. 很多企业的经销商对铺货产品的知识知之甚少，导致产品个性和核心卖点不突出，于是便产生了无效铺货行为。请结合自己所在企业的实际，谈一下自己是怎么处理这个问题的。

2. 在终端铺货过程中，涉及对企业销售人员的培训和终端店员的培训，这两类培训在内容的侧重点上有什么不同？它们各有什么职能？

本章小结

本章围绕渠道终端重点管理问题展开，着重介绍了铺货管理问题和渠道终端成员管控问题。

终端铺货有 6 个步骤：确立铺货的组织机构、划分铺货区域、为铺货造势、制定方案、二次铺货和终端维护。

铺货阻力是企业掌控终端过程中经常遇到的，突破铺货阻力的主要方法有 6 种：铺货前做好市场调查；制定铺货激励政策；赠送铺货产品；抓标杆，立典型；巧搭顺风车；撬动消费者杠杆。

细节决定成败。铺设渠道应注意 5 个细节问题，包括找准铺货的最佳陈列点、调动终端零售商的积极性、做好对终端铺货的监督、掌控终端和规避终端铺货的 4 大误区。

第3篇

护渠——
保证渠道恒久畅通

第 6 章

渠道成员这样管

　　渠道成员是整个分销渠道的核心。在销售渠道中，成功和失败通常依赖于渠道成员使用产品或服务满足消费者需求的程度。因此，一旦营销总监已经考察过可供选择的渠道成员，就必须不断地加以妥善管理，以使其更出色地完成销售产品或服务的任务。

　　本章将通过对渠道成员的推动策略、拉动策略来激发渠道成员的积极性；通过对销售渠道的大客户分析和提升大客户竞争实力的介绍来说明在营销中该如何判断真正的大客户，避免大客户成为企业的软肋；通过对渠道窜货和渠道冲突的管理来不断完善渠道。

6.1 渠道成员管理心诀：推+拉

✎ **本节要点**

1. 推动渠道成员的策略

2. 拉动渠道成员的措施

6.1.1 推动渠道成员的策略

生产企业推动渠道成员的方法主要是通过各种各样的销售策略，直接指向批发商和零售商，激发它们扩大销量，从而由它们把产品流转到消费者那里。其过程如图 6-1 所示。

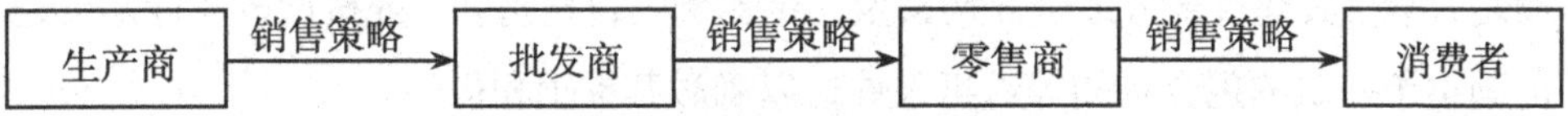

| 生产商 | →销售策略→ | 批发商 | →销售策略→ | 零售商 | →销售策略→ | 消费者 |

图 6-1　推动渠道成员过程

一般而言，在下列情况下，使用推动策略最容易取得成功。

① 最终消费者对特定的品牌没有强烈的品牌忠诚度。

② 最终消费者在商店里做出购买决定，喜欢即兴购买。

③ 最终消费者知道他们从购买产品中的受益是什么。

许多放置在零售店收银柜前的产品都符合这些条件，如糖果、香烟、杂志、便利品等。营销总监经常使用的推动策略是人员销售和销售推广，具体有以下几种方法。

1. 免费样本

免费样本是销售推广的方式之一，是生产企业为鼓励中间商进货，随产品附送的单独赠送品。此项方式所耗费用较高，但同时也是介绍新产品最有效的方法。

2. 津贴推广

津贴推广是指生产企业为了争取中间商予以合作，积极推销其商品，在一定期限内向中间商提供一定的超额销售的津贴，以调动中间商的积极性。例如，某彩电生产厂规定，每一个中间商一次购买彩色电视机 50 台及以上者，按每台 10 元付给超额津贴。

3. 销售竞赛

销售竞赛是指生产企业通过开展中间商销售竞赛活动，奖励销售成绩显著者以扩大销量。

4. 购货折扣

购货折扣是指生产企业为鼓励中间商的推销积极性，对其购买量超过一定限额时，给予其超过部分或全部购买量一定比例的价格折扣，或按所购买商品的总金额给予一定的现金折扣等优惠条件，以刺激其推销积极性。

5. 广告折扣

广告折扣是指生产企业为鼓励中间商为推销品做广告，在中间商应支付的购货款中，将其广告费折扣返还给中间商。

6. 销售返利

生产企业合理的返利政策可以激励中间商积极推销其产品。在制定返利政策时要考虑到返利标准、返利形式、返利时间和返利的附属条件等因素。

7. 联营推广

联营推广是指生产企业为鼓励中间商出售本企业的产品，借助中间商的力量与条件，同中间商联合经营。生产企业与中间商联营的方式有多种，例如，联办商店，联合售卖推销品（盈亏共担），在中间商的店堂里设立生产企业的商品专柜等。

8. 信息支持

信息支持是指生产企业经常与中间商交换所推销商品的产销信息，以便中间商及时掌握推销商品的产销变化趋势。生产企业同中间商信息沟通的方式很多，如召开产销双方信息座谈会，定期或不定期地寄发有关的信息资料等。生产企业还可将自己的生产状况和生产计划告诉中间商，为中间商合理安排销售计划提供相关依据。

9. 管理支持

管理支持就是通过帮助中间商进行销售管理，以提高销售效率和效果来激发中间商的积极性。营销总监可采取的具体做法如下。

① 帮助中间商建立进销存报表，做好安全库存数和先进先出库存管理。

② 帮助中间商进行零售终端管理，包括铺货和商品陈列等。

③ 帮助中间商管理其客户往来，加强中间商的销售管理工作。

除上述方法外，生产企业还要协助中间商促销新产品，传统方式包括：在零售点展售，全国打广告，配合地方促销，赠送优惠券，培训或奖励经销商等。

大部分生产企业在推出新产品时，总是先采用推动策略，因为这很容易就把产品推销到全国各地。

6.1.2　拉动渠道成员的措施

生产企业拉动渠道成员的措施主要是广告和其他宣传。营销总监可通过创意新、高投入、大规模的宣传攻势，直接诱发消费者的购买欲望，实现由消费者向零售商、零售商向批发商、批发商向生产企业求购，从而实现由下至上的层层拉动购买。其过程如图 6-2 所示。

一般而言，营销总监运用拉动策略需具备下列条件。

① 购买是重要的。

② 消费者觉察到竞争品之间的区别。

③ 消费者有强烈的品牌忠诚度。

④ 消费者在决定去哪里购买之前先决定他们想要购买的品牌。

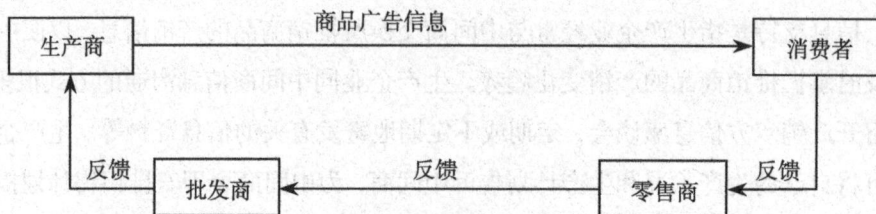

图 6-2　拉动渠道成员过程

拉动策略是直接刺激消费者的需求,并花大笔预算在广告上。如果做得有效,消费者就会向零售商要求购买该产品,而批发商又会向生产企业要求购买该产品,于是拉动了整个渠道系统。

1. 商业广告

生产企业拉动渠道成员最有力的措施就是商业广告。商业广告常用的广告媒体及其优缺点如表 6-1 所示。

工具　商业广告常用的广告媒体及其优缺点

表 6-1　商业广告常用的广告媒体及其优缺点

媒　　体	优　　点	缺　　点
报纸	灵活、及时,本地市场覆盖面大,能广泛地被接受,可信性强	保存性差,印刷质量低,不易引起注意
电视	综合视觉、听觉和动作,富有感染力,能引起高度注意,触及面广	成本高,干扰多,转瞬即逝,观众选择性小
公众出版物(电话本、生活指南等)	受众广泛,信息集中,而且有时可享受费用减让,保存时间长	目标消费者的针对性较差,表现方式单一
广播	从收稿到制作时间短,容易修改稿件,地理和人口方面的选择性较强,成本低	只有声音,不如电视那样引人注意,信息展露转瞬即逝

媒　体	优　点	缺　点
杂志	地理、人口可选择性强，复制率高，保存期长，传阅者多	发行周期长，灵活性比报纸差

除了以上所列出的主要媒体外，营销总监还可以考虑选择其他的途径作为广告宣传的辅助媒体，如企业名录、大屏幕电视、挂历、车身、气球、商店购物袋等。这些方式的运用都能配合与提高媒体的企业广告宣传效果。

2. 公益广告

北京同仁堂是旧中国规模最大、名气最大的药店之一。在同仁堂的经营史上，乐印川可以说是其转折时期的一位关键人物。

在乐印川接手同仁堂前，祖上留下来的这家老药店已经到了负债累累、濒临倒闭的边缘。乐印川接手后，着重树立药店慈善助人的形象，为此不惜力气，并不断扩大产品销路。

当时，北京城内每年都要挖城沟，北京人要轮流出工。这些挖沟的地方，一到晚上就黑漆漆的一片，不时发生伤人甚至死人的事故。乐印川看准时机，决定利用这个机会宣传同仁堂。他主动出资，在所有开沟的地方设立了路灯，灯上写着同仁堂的商品广告。这样一来，每当夜幕降临，写有"同仁堂"三个大字的路灯就会到处照耀，这样不仅便利了挖沟的民工和过往的行人，同时也给同仁堂商品做了很好的正面宣传，在最终消费者的心中留下了深刻的印象。

从此，同仁堂药店开始风靡京城，在北京更加深入人心了。

营销总监应知道，公益广告与商业广告一样，同是拉动渠道成员的主要措施。与纯商业广告不同的是，公益广告追求的是社会公共利益，讲究"于无声处起惊雷"，给人以善意的指正或热情的鼓励，从而达到净化心灵和社会环境的目的。

重大事件、危难关头、社会公德、希望工程、保护环境、救助灾区群众等是公益广告最常表达的主题。公益广告可在一定程度上影响人们对某种观念或价值的趋向。

对企业而言，公益广告有助于彰显企业的社会责任感，能够提升企业形象和亲和力，最终有助于产品的销售。这样，于公于私都是双赢的结果。

案例讨论　清华同方光盘的进货折扣策略

清华同方光盘股份有限公司（简称 TTOD）制定的代理渠道进货折扣和任务考核办法如下：

进货折扣根据每个一级代理从开始进货到某一次进货期间累计的进货量确定，不论何种一级代理，相同的累计进货量对应的进货折扣相同。TTOD 对一级代理完成年度进货任务的进度进行考核，并给予相应的折扣返点奖励。同时，对不能按时完成累计进货任务的代理进行相应的处理。

案例提示

购货折扣作为一种争取中间商的促销手段，已经被许多生产企业所采用。常用方式有：按销售额折扣、按销售数量折扣、按季度折扣等。

讨论题目

1. 上述政策是如何激励代理商的？
2. 清华同方光盘股份有限公司的进货折扣和任务考核对你有什么启发。

? 思考

1. 你目前所在企业管理渠道成员采用的是推式策略还是拉式策略？结合本节内容分析采用这一策略的功能和利弊。

2．如果你所在的企业对渠道成员实施的是拉式策略，那么广告设计应如何配合该策略的实施？

6.2 销售渠道的大客户管理

✎ **本节要点**

1. ABC 客户分析法
2. 提升大客户的竞争实力
3. 斩杀不良真大户
4. 避免大户成为企业的软肋

6.2.1　ABC 客户分析法

在管理学界有一个熟知的"80/20 法则"，即 80%的价值来自 20%的客户，其余 20%的价值则来自 80%的客户。这一原理同样适用于市场营销中的客户管理工作。无论营销总监销售的是何种产品，只要将企业的客户按照销量大小进行排名，然后按照排名将最靠前的 20%客户的销售量累计起来，就会发现这个累计值占企业销售总量的 60%、70%甚至 80%以上。也就是说，企业大部分的销售量来自一小部分客户，而这部分客户就是企业的大客户。

基于不同角度，有多种界定和评价大客户的方法，较为常用的一种 ABC 分析法是根据销售量和利润率（盈利性）对客户进行分类的，如图 6-3 所示。

工具　ABC 客户分类图

根据 ABC 客户分类图，我们可以将客户分为 VIP（Very Important Person）客户（A 类客户）、主要客户（B 类客户）、普通客户（C 类客户）与小客户（D 类客户）4 个类别。

盈亏平衡点

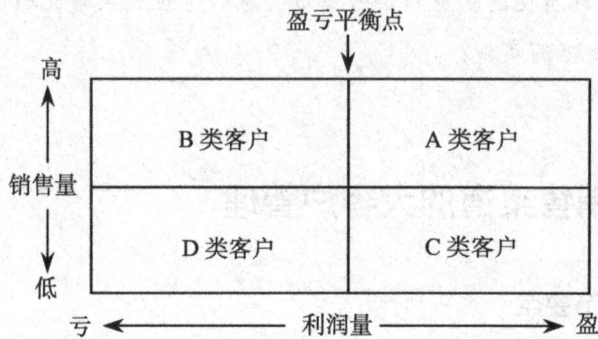

图 6-3　ABC 客户分类

1. VIP 客户（A 类客户）

VIP 客户是企业最好的客户，不仅销售量大，而且是赢利的，这种客户是最难得的，是企业利润的最主要来源。VIP 客户一般占客户总数的 1%左右。

对 VIP 客户的管理，营销总监可以采取以下措施。

（1）优先保证货源

VIP 客户的销售量较大，营销总监要首先满足 VIP 客户对产品数量及品种的要求，尤其对那些在销售上存在淡旺季之分的产品，营销总监要随时了解 VIP 客户的销售及库存状况，及时与 VIP 客户就市场发展趋势、合理的库存量及客户在销售旺季的需求量等情况进行商讨。在销售旺季到来之前，同生产及运输等部门做好协调，保证 VIP 客户在旺季的货源需求能及时得到满足，避免因货物断档而导致其不满的情况发生。

（2）调动一切因素提高 VIP 客户的销售量

营销总监应充分调动客户中一切与销售相关的因素，包括最基层的销售人员等，这是提高 VIP 客户销售量的一种重要做法。客户中的中上层主管掌握着产品的进货、结算等大权，处理好与他们的关系固然重要，但产品能否顺利到达消费者手中，却与基层的工作人员有着直接的关系，特别是那些技术性较强、使用复杂的大件商品，营销总监更要及时组织对基层人员的产品培训工作，或督促、监督销售人员加强这方面的工作，以此来保证大客户的利益。

国内以生产小鸭·圣吉奥滚筒洗衣机闻名的济南洗衣机厂，在这些方面就做得很出色。譬如，北京菜市口百货企业，连续 3 年成为北京地区的最大客户，且销售额几乎每年都稳定在 1 000 万元以上。就一家中型商场而言，能够取得这样骄人业绩的原因，在于厂方通过各方面的努力，使得该商场上到总经理，下到家电部、洗衣机柜组，每个人都了解这个产品并乐意努力销售这种产品。

（3）及时给予支援或协助

VIP 客户作为生产企业市场营销的重要一环，其一举一动营销总监都应该密切关注，并利用一切机会与之加强感情交流。比如，客户的开业周年庆典，客户获得特别荣誉，客户做出了重大商业举措等，都是营销总监做出支持和反应的时机。

（4）保持有计划性的拜访

一个有着良好销售业绩的企业，每年大约有 1/3 的时间是在拜访客户中度过的，而 VIP 客户正是其拜访的主要对象。

（5）共同设计促销方案

每个客户都有不同的情况，区域有所不同，经营策略有所差别，销售专业化的程度也不一样，等等。为了使每一个 VIP 客户的销售业绩都能够得到稳步持续的提升，营销总监应该协调销售人员、市场营销策划部门根据客户的不同情况，与客户共同设计促销方案，这样做可使客户感受到它是被高度重视的，它是企业销售渠道的重要伙伴。

（6）制定适当的奖励政策

适当的奖励政策，如各种折扣、合作促销、销售竞赛、年终返利等，可以有效地刺激客户的销售积极性和主动性，对 VIP 客户的作用尤其明显。一汽集团就曾拿出 40 辆"小红旗"、"都市高尔夫"、"捷达"轿车、"解放"面包车及 40 万元现款（合计 600 万元）重奖销售大户及先进个人。

（7）及时、准确地掌握 VIP 客户的相关信息

对于 VIP 客户的动向，营销总监一定要保持高度的敏感，一定要防止这类客户流向竞争对手。VIP 客户的销售状况事实上就是市场营销的晴雨表，VIP 客户

管理很重要的一项工作就是对 VIP 客户的有关销售数据进行及时、准确的统计、汇总、分析，上报上级主管，通报生产、产品研发、运输、市场营销策划等部门，以便针对市场变化及时进行调整。

（8）以座谈会形式增进感情

营销总监应每年组织一次与 VIP 客户之间的座谈会，听取客户对企业产品、服务、营销、产品开发等方面的意见和建议，对未来市场的预测，对企业下一步的发展计划进行研讨等。这样的座谈会不但有利于企业做出正确的相关决策，而且可以进一步加深与客户的感情，增强客户对企业的忠诚度。

只有调动起企业的一切积极因素，深入细致地做好各项工作，牢牢地抓住 VIP 客户，才能以点带面、以大带小，使企业销售的主渠道始终保持良好的战斗力和对竞争对手的顽强抵御力，从而在市场竞争日益激烈的今天稳操胜券。

此外，营销总监还要研究竞争对手的情况，努力通过价格调整、服务模式的创新等方式，吸引竞争对手的 VIP 客户。

2. 主要客户（B 类客户）

B 类客户是需要营销总监高度关注的客户，这类客户虽然销售量大，但是企业在这些客户身上却是亏损的，而且由于销售量大，导致的亏损比较严重。同时，由于销售量大，企业对这类客户有一定的依赖性，如果没有这些客户，企业有可能出现产能闲置的情况。B 类客户一般占客户总数的 4%左右。

对 B 类客户，营销总监可以采取以下管理措施。

（1）努力降低相关成本

通过降低生产和服务成本，来减少 B 类客户的亏损或从 B 类客户身上实现赢利。

（2）改变收费模式

对不同客户采用不同的收费方式，采取基于活动和资源消耗的收费模式。

（3）开发新的 VIP 客户或提高现有 VIP 客户的销售量

通过提高 VIP 客户的销售量，企业就可能减少对 B 类客户的依赖，从而采取更加灵活的管理措施，如提高对 B 类客户的收费或减少服务等。由于 B 类客户

的销售量比较大，所以营销总监不能轻举妄动，不能让这些客户轻易流失，否则
有可能对企业产生较大的不利影响。

3. 普通客户（C 类客户）

C 类客户是一个很好的客户群，虽然销售量不高，但它们是很有发展潜力的
客户，营销总监应教导属下的销售人员，对其做好管理。C 类客户一般占客户总
数的 15%左右。

对于 C 类客户，营销总监应亲自出面或者让属下销售人员认真听取这类客户
的意见，让它们感觉到企业是重视它们的。必要的时候，营销总监也可以根据不
同利润率适当降低对这类客户的销售价格，以提高销售量。如果有机会，营销总
监也要努力争取竞争对手的 C 类客户，以提高企业的赢利水平。

4. 小客户（D 类客户）

这类客户指除了上述 3 种客户外，剩下的 80%客户。这是最差的一类客户。
对于这类客户，营销总监应吩咐销售人员，对其采取分化措施。营销总监应制
定政策，基于客户对销售成本的消耗来收取费用，让企业的资源耗费得到适当
的补偿。

任何企业的资源都是有限的。因此，为了维持低成本并获得高回报，营销总
监要将有限的资源向占企业极少数的大客户倾斜。为了取悦这些有价值的客户，
为了获取利润，为了赢得这些客户的忠诚，企业这样做是值得的。

一家生产西饼的食品企业运用 ABC 分类法对营销活动进行分析，
结果发现如表 6-2 所示。

表 6-2　ABC 客户分类

客户类型	占总营业额的比率	占总客户数的比率	业务支持（占总业务人员的比率）
A 类	70%	10%	15%
B 类	20%	20%	25%
C 类	10%	70%	60%

经过分析后，这家企业发现了自己的"销售浪费症"，60%的销售人员用在营业额仅占 10%的 C 类客户上，简直就是极大的浪费。于是，企业改变"不管有无订单，订单多少，只要出去跑就好"的错误营销观念，将宝贵的时间分配到更重要的客户上。奇迹发生了，这家西饼企业的利润额较调整前得到了大幅攀升。

上例中说明一个道理，就是营销总监不能一味地把客户认为是企业的上帝，因为这样不利于企业的资源用到最有效的地方。专注于最有价值的客户，把握最有增长潜力的客户，放弃负值客户，才是减少企业资源浪费的解决之道。

营销总监应对不同的客户采取不同的管理方式，将企业的各项投资与支出都花在最有价值的大客户身上，才能获得最佳的投入产出比。

6.2.2　提升大客户的竞争实力

不管是降价促销、日常销售、提高售后服务还是提高销售业绩，机会都是客户给的。因此，与它们缔结战略伙伴关系，就可以得到更大的商业机会，可以设立更大的年度销售目标。基于这种战略伙伴关系，营销总监要帮助大客户发掘市场潜在机会，然后与大客户共同策划、把握这些潜在机会，以此来提高大客户的竞争实力。

1. 帮助大客户发掘潜在市场机会

为了寻找潜在的市场机会，营销总监需要对大客户业务战略、客户本身以及客户所面对的市场有一个深入的了解；要有分析、研究和策划的技巧；要有开放的思想及开拓创新的精神；同时还要对合作客户的灵活性、创造性和经验充满信心。

在美国中西部，有一家大型商业印刷企业通过帮助客户发掘潜在市场机会，为客户，也为自己创造了全新的价值。

该企业很了解它的几个重点客户的业务及经营理念，通过向它们提出一系列财务变革的方法，帮助客户大大降低了经营成本。企业在和一个客户进行为时 3 个月的合作中，依次完成了以下 5 个阶段的工作：第一，分析了客户的核心业务；第二，有效地利用印刷企业特有的灵活性和速度优势为客户提供了更多的服务，创造出了更高的利润；第三，在新产品开发活动所需要的设备检测和资金方面，为客户提供支持；第四，监控新业务带来的销售反馈，了解消费者满意度，并推动客户新业务的进一步发展；第五，成功合作强化了企业与客户的关系，同时扩展了业务范围。

在合作过程中，该印刷企业小组人员与客户在各个组织层次上竭诚合作，组成了一个极具战斗力的团队。

在发掘市场潜在机会的过程中，往往要求双方共享敏感的内部信息——成本与利润数据及个别最终用户的销售记录。因此，深入寻找市场潜在机会的工作，只能提供给那些忠诚守信、彼此尊重的大客户。

2. 发掘市场潜在机会的条件与准则

要成功发掘市场潜在机会，营销总监需要做到以下几点。

① 确保企业最高管理层支持这种合作关系，销售人员享有工作成果。

② 一旦同大客户确定了合作目标，应尽企业所能，全身心地投入，贯彻始终。

③ 奖励在工作中出谋划策，并能将构思付诸实施的人员。以新颖、不受陈规约束的方法与客户进行合作，使优秀的销售人员脱颖而出。

营销总监必须全面了解客户的业务结构和经营理念，源源不断地向它们提供新的思路，使其充分发挥自身潜力。营销总监竞争力提升的核心是客户市场占有率的提高。

6.2.3 斩杀不良真大户

销售是一个"链"的过程，从厂家库房到经销商库房、分销商库房，这只是库存的转移，真正的实际销售量来源于终端售点消费者的购买量。所以，如果这个客户的销售量较大，且是在终端售点实现的实际销售量，那么它就是真大户，反之则是假大户。对于假大户，营销总监应该毫不手软地切除，减少资源的浪费；对于真大户，营销总监也不能对其过分畏惧，而应大胆更换一些不断提出无理要求且欠款逐月增加的真大户。

　　某制衣企业依靠几个颇具实力的经销商的发展，几年下来，成为全国著名的服装品牌之一。经销商也越做越大，最大的四五个经销商销售量占了整个企业销售量的一半以上，每个大经销商的成败几乎都和企业命运息息相关。

　　随着企业和经销商的共同成长，大经销商和企业的矛盾逐渐显露出来。其中两三个大经销商，控制了企业 10 个最好省市的销售权。它们时常向企业提出各种无理要求，如要求增加额外的促销、铺底等政策，年底要求企业增加返点，等等。

　　于是，企业决定，通过招商打破现有渠道格局，重新获得销售渠道主导权。经过仔细运筹，该企业在短短的一个半月内，通过招商方式迅速获得了新客户，其中有不少新客户来自原有大经销商的市场区域，从根本上改变了该企业不合理的客户结构。

上述案例中，企业通过对主要市场的招商来斩杀真大户，重新获得渠道主导权。但是这种方式并非适用于每家企业，要实施这种手段，企业须具备如下的条件。

（1）企业要有强大的品牌效应

企业必须有一定的品牌优势可以吸引有实力的经销商加盟。因为品牌效应强大的企业在消费者心目中有不错的认可度和美誉度，可以形成强大的市场拉力，这是吸引众多有实力的经销商的根本原因。

（2）斩杀的时机要选准

斩杀行动最好是在企业最强大的时候进行，而且一定要在最短的时间内完成。时间成本是企业打破现有渠道格局的关键，整体斩杀行动要统一快捷。

（3）短时间里帮助新经销商走上正轨

这对企业的要求很高，不仅仅表现在产品质量、服务好坏等单一环节，而是必须有强大的二级经销商支持。有强大的二级经销商是斩杀不良真大户的先决条件之一。如果没有合适的替代者，原有经销商是万万不能丢掉的。否则，这样的斩杀只能让企业丢掉市场。

此外，营销总监还需要注意的一点是，无论斩杀真大户还是假大户，在进行斩杀行动之前，都要尽可能地清空其库存并追讨其欠款。清空库存是为了防止它们手里有大量的库存产品，防止其在被斩杀后恶意抛售，扰乱市场。具体方法有用促销帮其消化库存，帮其快速分销，区域调货，以换包装为由将货退回生产企业等。

6.2.4　避免大户成为企业的软肋

为避免大户成为企业的软肋，企业还可以采取以下措施。

1. 尽可能掌握大户的下线网络

营销总监平时应尽可能摸清楚大户的下线网络，这样更换经销商的难度就小得多。因为掌握了下线网络，营销总监就可以迅速树立新经销商并利用老经销商的原有下线网络保住销量。

2. 监控大户销售网络的均匀性和有效性

衡量大户是否是企业真正的重点客户，要看其终端出货水平。为此，营销总监可以通过建立经销商月销量状况分析表，随时关注每个经销商的月销量、进货次数、月销量占总体销量的比例变化情况。一旦发现某个经销商月销量和月进货次数突然增大，应及时去该市场进行考察，看终端表现与销量数字是否匹配，是否有冲货砸价的前兆。在问题刚刚出现的时候及时进行解决，避免"假大户"销量比例过大。

3. 制定销售政策时注重过程管理

可口可乐的管理层有一句口头禅：过程做得好，结果自然好。一名成熟有经验的营销总监在制定销售政策时应该注重过程管理，考虑约束、牵制经销商，看重整个市场的培养，以避免假大户现象出现。过程管理的奖励范围大致包括铺货率、生动化、开户率（与当地零批客户的成交率）、全品项进货、专销等。经销商不怕销量小，只要努力做好过程指标，就应得到回报。

4. 制定促销政策时注意激励的科学性

（1）科学规划销售竞赛活动

年度销售竞赛要照顾所有经销商的利益，营销总监在制定销量目标时要结合客户的历史销量，要有目的性——主要对哪个级别的客户进行激励；要有挑战性和可行性——定下的目标要超过这些目标客户的历史销量。

> 某企业推出新品（老产品的换代升级产品），分析历史销量后发现：县级经销商老产品年销量平均在 5 万箱左右，市级经销商老产品年销量在 20 万箱左右。此次新品销量竞赛定为：年销量达到 6.5 万箱奖励卡车（鼓励县级经销商从 5 万箱提升至 6.5 万箱）、年销量达到 28 万箱奖励住宅（鼓励市级经销商从 20 万箱提升至 28 万箱）。

（2）增加促销活动的过程控制

营销总监在制定奖励计划时要点面结合，有大奖又有小奖，除了有最佳销售奖外，还要设最佳增量奖。要把好促销订单质量关，结合每个客户的历史销量，对其促销期接货量进行分析，发现有订单异常增大的经销商先停止发货，等查清其并无冲货砸价行为后，再向其继续发货。

（3）增加经销商奖励的机动性和模糊性

营销总监应尽量不让经销商算出它的返利奖励和进货净价。此外，为防砸价，返利要一律滞后兑现，而且应少用现金，多用货品、生活用品、购物券、境外旅行等。如果条件允许，奖励传真机、货车等有助改善经销商经营条件的工具更佳。

（4）慎用坎级销售奖励

为防止大户肆意砸价、窜货，追逐高额利润，营销总监在执行阶段性坎级销售奖励时要分两波进行：第一波低坎级（如规定某时间段内进货 1 000 箱以上则予以奖励）先确保小户利益，在此基础上再进行第二波高坎级奖励（如规定某时间段内进货 2 万箱以上则予以奖励）。此外，各坎级返利差异不应差距太大。

5．严格企业内部管理

营销总监要加强企业内部销售人员的管理，明确责任，秉持恶性冲货或乱价先处罚业务人员后处罚经销商的原则；在对销售人员进行销量考核的同时，一定要加大对铺货率、生动化等过程指标的奖罚力度；杜绝差旅费包干制，实行报销制；杜绝市场费用包干制，执行收支两线，促销费用按月提计划、审批、执行、总结、复查审计等流程一步步执行。

6．向经销商收取保证金

保证金的作用是防止砸价，保证经销商的利益，稳定价格。营销总监手里攥住经销商的保证金，对付大户就主动得多。生产企业一般都以高于银行利率的标准每年向经销商支付保证金的利息，同时用合同形式约定，一旦生产企业与经销商停止合作，保证金马上退还。

保证金可以分批缴纳。如经销商第一次进货时，生产企业可先铺 5 万元的产品，以后经销商每次进货则需交纳进货额的 5%做保证金。实施这样的做法后，经销商会觉得第一次进货不用交保证金，而且有铺底，乐意接受。实际上只要第一批货销路顺利，经销商会进行第二次、第三次进货。很快生产企业从每批货中扣的保证金就会超过铺底费用。

案例讨论　F 化妆品品牌受控于大户的窘境

F 品牌是国内化妆品业的知名品牌，该品牌是由业内著名的经销商黄先生销售的。黄先生在短短一年时间里，使 F 品牌的销量飞速上升，F 品牌的郑总很高兴。

但后来事情的发展却走向了反面。

首先，销售部门的功能在逐渐丧失。由于经销商拥有完善的销售网络和独立的销售队伍，F 品牌销售人员的销售功能逐渐退化，最后完全失去了渠道市场的主动权。

其次，直销店的业务受到冲击。F 品牌曾经在很多主要城市开了自己的直销店，但是经销商卖 F 品牌的产品，价格却比直销店低。这主要是由于黄先生得到的价格是企业能够放出的最低价格，黄先生的渠道运营成本比生产企业要便宜很多。

最后，窜货严重，市场秩序被打乱。黄先生在各生产企业拿的货价格都很低，这就给他窜货提供了便利。而黄先生的零售商是其多年的合作伙伴，郑总又很难掌控。

案例提示

斩杀大户的方法很多，比如招商、直接停货等。但这些方式都过于张扬，很容易让大户警觉，给其留下反击的机会，对企业可能造成巨大的损失。一旦市场失控，企业就会得不偿失。

讨论题目

1. 撬动黄先生这样的销售渠道、斩杀这样的大户势在必行，但是怎样在市场不受到震荡的情况下完成渠道的重新布局呢？企业以什么理由来麻痹黄先生，让其无所防范呢？

2. 消灭大户后，企业如何迅速将新渠道重新建构起来呢？

？思考

1. 你是如何定义你企业中的大客户的？在什么情况下，大客户才是你的合适客户或好客户呢？

2. 你认为企业在斩杀大户前要做好哪些前期准备工作和后期市场维护工作？

6.3 —● 渠道窜货管理方法

✎ **本节要点**

1. 解读窜货

2. 构建恶性窜货防护网

3. 恶性窜货处理

6.3.1　解读窜货

窜货，又称倒货、冲货，是指经销商没有按生产企业规定的销售区域销售产品，而是跨区销售产品。这里的经销商有可能是生产企业经销商，也可能是生产企业指定的经销商。营销总监只有对窜货有较深的了解，才能采取措施防止其对企业销售产生恶性影响。

1. 窜货的分类、原因、表现和危害

（1）窜货的分类

按照性质划分，窜货可分为恶性窜货、自然性窜货、良性窜货 3 种。

① 恶性窜货，即经销商为获取非正常利润，蓄意向非辖区市场倾销产品。

② 自然性窜货，一般发生在辖区临界处或物流过程中，非经销商恶意所为。

③ 良性窜货，即经销商因流通性很强，其货物经常流向非重要经营区域或空白市场。

按照范围划分，窜货可分为统一市场内部的窜货（如甲乙经销商相互窜货，或将货物窜出市场）、不同市场之间的窜货（主要是两个同级别的总经销商之间相互窜货或同一企业不同分企业在不同市场上的窜货）、交叉市场之间的窜货（经销区域重叠）。

（2）窜货的产生原因

窜货之所以会产生，主要原因在经销商身上，一般有如下几种。

① 多拿回扣，抢占市场。

② 销售区域割据，市场发育不均衡，某些市场趋向饱和，供求关系失衡。

③ 生产企业给予中间商的优惠政策不同。

④ 生产企业对中间商的销货情况把握不准。

⑤ 辖区销货不畅，造成积压，生产企业又不予退货，经销商只好拿到畅销市场销售。

⑥ 运输成本不同。自己提货，成本较低，有窜货空间。

⑦ 生产企业规定的销售任务过高，迫使经销商去窜货。

⑧ 市场报复，目的是恶意破坏对方市场，这种情形往往发生在生产企业换客户阶段，或因生产企业违约等而导致发生。

（3）窜货的主要表现

① 分企业为完成销售指标，取得业绩，往往将货销售给需求量大的兄弟分企业，造成分企业之间的窜货。

② 中间商之间的窜货。由于甲乙两地供求关系不均衡，货物可能在两地低价抛货，走量流转。

③ 为减少损失，中间商低价倾销过期或者即将过期的产品。

④ 中间商销售假冒伪劣产品，掠夺市场份额，这是更为恶劣的窜货现象。

（4）窜货的主要危害

① 一旦价格混乱，将使中间商利润受损，导致中间商对生产企业产生不信任感，对经销其产品失去信心，甚至拒售。

② 如果生产企业对假货或窜货现象监控不力，地区差价悬殊，可能使消费者怕假货而不敢问津。

③ 窜货还会损害品牌形象，使企业的先期投入无法得到合理的回报。

2. 良性窜货的类型

营销总监应该认识到，窜货对企业而言并非都是洪水猛兽，有的窜货对企业只有利而无害，以下几种窜货对企业而言就是良性窜货。

（1）市场驱动型窜货

市场驱动型窜货一般是因为经销商的辐射范围广，而其市场能力并没有得到充分的发挥，于是经销商在其能力范围内扩大产品的覆盖范围，提高其市场的赢利能力与市场运营能力。

市场驱动型窜货对任何一方都是有百利而无一害的。它扩大了市场区域，扩大了产品销售，提高了产品知名度，提升了市场人气。在这样的有两个甚至几个经销商运作的交集市场内，如果双方能进行理性的竞争与利益的合理分配，再加上生产方在中间的沟通，同时给予其他两方利益上的保障及正确的管理协调，这将是一个多赢的优质市场。

（2）代管型窜货

代管型窜货一般指企业为了干扰市场价格，破坏原有市场价格体系，达到有效地管理经销商、避免渠道内部矛盾的目的而进行的有目的的窜货。

> 某企业 A 地的经销商，是本地主要的经销商，也是销售该企业产品的经销大户。由于其销量大，市场机遇抓得准，居功自傲，对于企业的建议、意见和管理一概不接受。近两年来，市场销量不断下滑，大有节节败退之势。但由于以前养成的老习惯在作怪，经销商对于企业的意见和管理仍置之不理，如果再不对其采取措施，大有全部产品退出市场之忧。在多次交涉无果的情况下，企业默许了其他地区的产品窜货到 A 地销售，这下影响了 A 地经销商不少的销量和利润收入。于是，它开始放下架子主动请求厂方来协调解决问题，这样便逐渐形成生产企业与经销商之间平等的对话权。

在上面这个例子中，企业用代管型窜货起到了干预市场价格、重组市场价格体系的作用。同时，又避免了生产企业和经销商之间的冲突，维持了正常的关系。对这种窜货，营销总监就不应过分干预。

（3）市场开拓型窜货

市场开拓型窜货指企业为了扩大市场而进行的窜货。窜货的特性之一就是利用价格差，快速地实现产品移动，使产品批量地从甲地移动到乙地。在实际的市场操作中，如果营销总监能够充分利用好窜货的这一特点，就可以实现快速进攻的目的，达到常规营销手段无法达到的效果。市场开拓型窜货如果运用得好，可以产生对竞争对手出其不意、攻其不备的效果。

> 某酒业企业试图进军经济发达的 A 地，但该市场长期被一家外资啤酒企业所控制。这家外资啤酒因口感好、质量稳定、价格适中而深受当地消费者的青睐。该酒业企业经过仔细的思考、研究，认为只有用非正常的手段才能取得突破。
>
> 首先，对产品进行重新包装、设计，使商标、标志更新颖、时尚。
>
> 其次，改变口味，使新品比当地外资啤酒口感更纯净、鲜美。
>
> 最后，加大广告宣传，通过短期集中的、高密度的广告支持，使该产品以较高的价位导入该市进行销售。与此同时，在周边地区选择一家网络非常好的经销商对其进行低价放货，很快这家经销商的产品进入大量二批商的手中。在市内产品和窜货产品价差较大的情况下，众多的二批商对该产品表现出很大的兴趣，迅速以每箱低于正常销售渠道 2~3 元的价格铺进终端。短期内，该酒业企业又启动另外一家经销商对该市进行窜货，收到了意想不到的效果。由于众多二批商的竞争，价格进一步产生回落，销量一路上升。

在上面例子中这种极特殊的情况下，企业用市场开拓型窜货来打开市场，取得了既在情理之中又在意料之外的效果。但如果对于中心市场或大规模的重要市场，采用市场开拓型窜货进行开发管理就不可行了。因为它在操作难度、管理难度、价格体系的管理与成本控制等各方面矛盾交织复杂，一不小心将给整个市场带来毁灭性的打击。

总之，窜货毕竟不是一种文明的经销方式，即使是良性窜货也是如此。因此，在实际应用中，营销总监必须要注意以下几个问题：第一，窜货不能伤及品牌，不能危害产品的核心价值；第二，窜货不能影响产品的固有定位；第三，窜货不能导致整体的市场规划混乱；第四，窜货打市场的战术只是一个阶段性的策略，不能长期使用；第五，该手段要适时、适度、适量，并做好及时补救和补偿。

6.3.2　构建恶性窜货防护网

防止恶性窜货最重要的不在于发生以后怎么处理，而是如何防范，使其不发生。而从恶性窜货产生的原因来看，防止其产生不是只解决一个简单环节就可以了，而是需要一个体系的支撑。如图 6-4 所示。

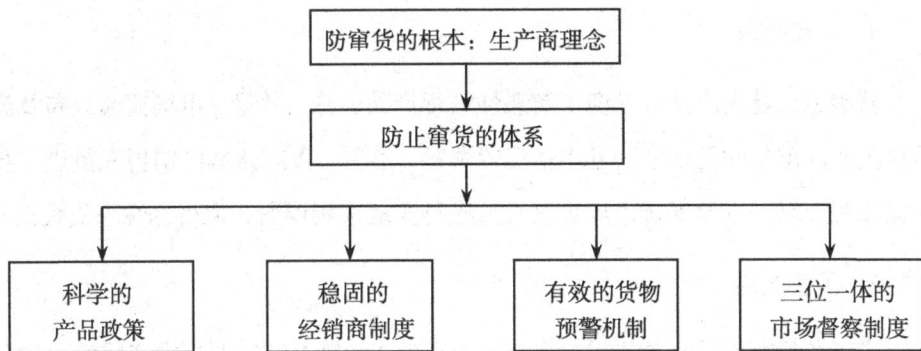

图 6-4　防止恶性窜货体系

防止恶性窜货首先要求营销总监对窜货管理有深刻的认识，从而有信心、有能力营造一个规范的市场。其次，营销总监在选择经销商时，应事先对其进行相应的考察，如经销商规范经营的理念是否具备，经销商人品和做生意的品质如何等，这也是从源头上杜绝恶性窜货的根本办法。

防止恶性窜货不仅需要营销总监有规范市场的理念和经销商规范经营的心态，还需要从整个体系入手，建立完善的制度和机制。

6.3.3　恶性窜货处理

在对待恶性窜货的问题上，营销总监应该以防为主，争取从根源上杜绝恶性窜货产生的可能，创造一个良性的流通渠道。但是，百密一疏，防不胜防。一旦市场上出现了恶性窜货问题，营销总监应如何来处理呢？

1．表明态度

对于恶性窜货，最敏感的肯定是被恶性窜货区域的经销商。不论营销总监从何种渠道得知恶性窜货问题，都应该做出快速反应，一定要表明生产企业坚决查处恶性窜货的态度，并对经销商表示理解和给予安慰，这样可以避免问题的进一步恶化。

2．了解现状

营销总监首先应向经销商了解恶性窜货产品名称、数量、市场流通分布及当地接受恶性窜货的经销商的基本情况等资料。然后，责成该地区销售人员进一步收集相关资料，进而安排市场督察人员进行实地市场调研，取得恶性窜货证据。

3．因症施治

当市场督察人员将调研报告提交上来以后，营销总监就要根据实际情况进行处理。

🔧工具　预防恶性窜货的有效策略

营销总监应该采取哪些策略来预防恶性窜货呢？表 6-3 介绍了几种常用的策略。

表 6-3　防止恶性窜货的有效策略

策　　略	说　　明
制定合理的奖惩措施	包括交纳保证金、对恶性窜货行为的惩罚进行清晰量化等
建立监督管理体系	包括把监督窜货作为企业制度固定下来，并成立专门机构，由专人负责；企业各部门相互配合，防止恶性窜货的发生；恰当利用社会资源与当地工商部门合作，来打击恶性窜货等

续表

策　　略	说　　明
预防渠道拓展人员参与窜货	包括建立良好的培训制度和企业文化氛围；通过内部监督渠道拓展人员；不断培训和加强对市场监督人员的管理等
培养和提高经销商忠诚度	包括经常性地培训经销商，提高其经营水平；适时地激励经销商，强化相互间的联系等，以笼络经销商

案例讨论　G食品企业的窜货事件

G 食品企业的返利是依据销量递增的，也就是销量越大则返利越高。这种政策使大经销商为了追求销量，经常窜货。大经销商窜货使该企业中小城市的经销商意见很大，并准备效法。

年终时，该企业接到景德镇市、萍乡市、九江市、鹰潭市、赣州市等各地经销商的投诉，反映南昌市经销商多次窜货到它们区域。该企业经调查取证，发现了经销商窜货的证据，但是却不知该如何采取处罚措施。

按照合同，该企业可以扣除经销商一个季度的返利。但此时有品牌正在江西做大力推广，这是一个全国性的大品牌，对该企业销量有很大威胁。此时，该企业急需加大促销力度，防止经销商"跳槽"，以抵制竞争产品的市场蚕食。如果此时执行合同规定扣除返利，该经销商很可能加盟竞争产品经销行列。再加上窜货的经销商通路能力很强，该企业一时找不到适合的经销商更换，所以又不敢轻举妄动。但如果不对窜货的经销商进行处罚，仅仅加大对被窜货区域的促销力度，将使市场秩序更加混乱。

案例提示

其实，认真分析不难发现，窜货的根源在于生产企业自己。该企业窜货的诱因是生产企业的返利政策。企业只有消除了这个源头，恶性窜货才能根除。

讨论题目

1. 假如你是这家企业的营销总监，面对这种窜货，你该怎么办？

2. 该企业是否应该对违规的经销商进行严肃处理？如果必须处理，怎样才能防止该经销商加入竞争者的行列？

？ 思考

1. 你认为企业可以对哪些窜货行为放任不管？放任不管的前提是什么？

2. 请你谈谈实际工作中，你是如何防范恶性窜货的。

6.4 渠道冲突管理方法

✍ 本节要点

1. 渠道冲突扫描
2. 解决渠道冲突的流程
3. 构筑渠道冲突防火墙

6.4.1 渠道冲突扫描

营销总监应该在渠道关系开始前找出所有潜在的冲突根源，并且设计防止这些冲突发生的机制。尽管很多营销总监都会采取多渠道并举的策略，以互相补充、互相配合、共同促进，但在激烈的市场竞争中，由于各个渠道分属不同的利益群体，因此这些冲突只能在出现的过程中被随时发现和解决。

1. 渠道冲突是如何产生的

无论是在渠道关系开始前还是开始后，营销总监如能尽早发现冲突的来源，对于渠道的良性运作都是至关重要的。

（1）目标不一致

渠道中每个成员都有自己的目标。这些目标的某些方面可能会重叠，另一些方面则可能与其他成员目标背道而驰，从而形成诱导冲突的深层原因，并最终产生冲突。比如，一家企业可能为其新口味的酸乳谋求更多的货架空间，以便扩大其市场份额。超市零售商关心的是这种新口味如何能增加销售额；生产企业关心的是自己品牌产品的市场占有率，而零售商则更关心这一产品类别的总销售额。

（2）渠道成员的任务和权利不明确

例如，有些企业由自己的销售队伍向大客户供货，同时它的授权经销商也努力向大客户推销。地区边界、销售信贷等方面任务和权利的模糊和混乱，可能导致诸多冲突的产生。

（3）观点不同

观点差异指每一个渠道成员对于事物的理解和反应都不同。比如，一个零售商如果觉得 30%的毛利率是合适的话，那么20%的毛利率就会使它觉得不公平。然而批发商却可能有相反的感觉，认为给零售商20%是合适的，而30%就不公平了。

天津十大商场曾联合抵制北京国美电器在天津开业，长虹、康佳、TCL 等 7 家国内彩电企业也以极其矛盾的心态卷入其中，同各大商场签署了一项被外界戏称为"卖身契"的协议，简要内容如下。

（1）与会各电视机生产厂家的天津分公司或办事处，不再与国美电器发生业务往来，各厂家有责任采取坚决措施，禁止北京或其他地区的货源流入天津。

（2）由于国美电器尚有部分库存，或由于制止不力使得其他地区货源继续流入天津，厂家同意以国美在公众媒体上的广告价格作为十大商场的零售价，厂家在此价格上下调3%向十大商场供货。

（3）十大商场承诺，对于履行以上内容的厂家，将竭尽全力保证其销售额和市场占有率，并在最短时间内，按厂家的销售政策恢复市场秩序。

十大商场之所以采取联合抵制行动，主要是害怕国美电器一贯的低价策略会对天津市场产生巨大冲击，危及自身利益。随着商场竞争的日益加剧，大商场逐渐进入微利时代。为维持市场份额，它们不得不进行价格自律，划分势力范畴，以免造成双输。新进入者若不能遵守既定的行业规则，故意打破平衡，就会遭到毫不留情的绞杀。商场与商场之间的恶斗，对厂家是极其有害的，不但增大了它们进入市场的难度，而且一旦卷入其中，很可能损害厂家的声誉，增大谈判的难度，同时增加销售成本，减少利润。

（4）决策权差异

决策权差异通常表现在各成员对外在影响范围不满意。比如，是企业还是零售商决定商品的最终销售价格，零售商是否有权倒卖商品，企业是否能够规定经销商的存货水平，等等。

（5）沟通困难

沟通困难是由于渠道成员之间缓慢的或不精确的甚至是错误的信息传递造成的。比如，营销总监无法得到特定渠道销售的某种产品的销售信息，最终消费者在批发商和零售商得知消息之前被通知可获得某项买赠优惠，等等。

（6）价格原因

各级批发价的价差常变成渠道冲突的诱因。制造企业常抱怨经销商的销售价格过高或过低，从而影响其产品形象与定位，而经销商则抱怨制造企业给其的折扣过低而没有利益。

总之，产生渠道冲突的原因还有很多，在这里不再赘述。总的来说，冲突的产生主要是由渠道成员之间的目标差异、利益矛盾及其对现实理解的不同等造成的。在实际操作过程中，营销总监一定要结合实际，具体问题具体分析，只有找出导致冲突的真正原因，才能对症下药，标本兼治。

2. 渠道冲突的类型

渠道冲突类型大体上有 3 种：不同品牌的同一渠道之争；同一品牌的渠道内部冲突；渠道上下游之争。详见表 6-4。

表 6-4　渠道冲突类型

冲突类型	说　明
不同品牌的同一渠道之争	1. 该渠道对持有不同品牌的生产企业来说都很重要，都势在必得，目的是尽快进入市场 2. 生产企业为争夺同一条渠道，会许诺比对方更为优惠的条件来吸引中间商，上游供应商之间的冲突可能让中间商获得最大利益，使中间商在谈判时更强势 3. 中间商可能同时代理多家品牌，不同中间商对一家二级经销商或代理商的争夺可能造成彼此之间的冲突
同一品牌的渠道内部冲突	1. 生产企业开拓了一定的目标市场之后，中间商将在目标市场上大兴"圈地运动"，争夺市场份额，争取得到生产企业的青睐 2. 冲突的原因大多是生产企业没有对目标市场的中间商数量做合理规划 3. 生产企业对现有中间商的销售能力不满意，实施开放政策，以增加渠道活力。窜货与低价出货是该种冲突最常见的方式
渠道上下游之争	1. 中间商从自身利益出发，采取直销与分销结合的方式，不可避免地从下游经销商处争夺客户，挫伤下游渠道的积极性 2. 下游经销商实力增强以后，希望更上一层楼，从而向上游渠道挑战 3. 生产企业出于产品推广的需要，可能越过一级经销商直接向二级经销商供货，使上下游渠道产生芥蒂

6.4.2　解决渠道冲突的流程

渠道冲突尽管具有一定的可控性，但仍然是不可避免的。所以，营销总监应该正视渠道冲突，积极做好渠道冲突的管理工作，将渠道冲突控制在一个适当的可控范围之内，确保渠道健康、高效地运作。

解决渠道冲突的流程主要包括以下 3 个步骤，如图 6-5 所示。

1. 发现渠道冲突

发现渠道冲突的主要方法有：

① 定期检查渠道，及时听取渠道成员对各种问题的反馈。

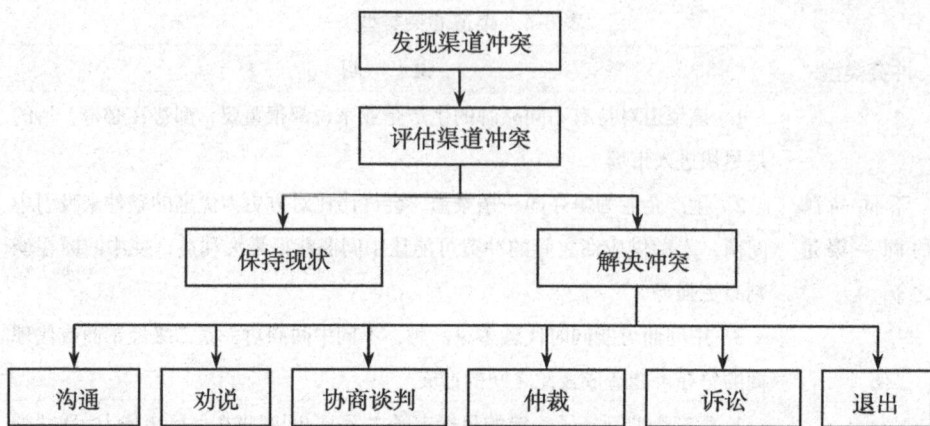

图 6-5 解决渠道冲突流程

② 进行市场销售渠道审计，即对渠道的环境、目标、战略和活动进行全面、系统、独立和定期的检查，这样做的目的主要是希望据此发现机会，找出问题，提出正确的行动方案，以保证渠道计划的顺利实施；或修正不合理的渠道计划，提高总体销售绩效。

③ 定期召开经销商大会。在大会上，营销总监可以介绍企业的新政策，表扬优秀的经销商，对经销商进行知识、技能和产品等方面的培训。这样做还有一个非常重要的目的，就是创造宽松和谐的气氛，让经销商们发泄不满和牢骚，这样营销总监就可以直接了解到渠道中存在的冲突和矛盾，并想办法加以解决。

2. 评估渠道冲突

渠道冲突必然会对渠道成员的关系和渠道绩效产生一定的影响。营销总监必须判断渠道冲突到底是处在何种水平：是低水平冲突、中等水平冲突还是高水平冲突。

3. 保持现状或解决冲突

低水平和中等水平的渠道冲突具有积极性的一面，营销总监可以暂时置之不理，但高水平冲突对分销渠道可能带来破坏性的影响，必须及时解决。表 6-5 给出了解决冲突的 6 种典型方法。

工具　解决冲突的 5 种典型方法

表 6-5　解决冲突的 5 种典型方法

方　　法	原　　因	具体做法	作　　用
沟通法	同一渠道成员之间，往往由于各自情况不同而缺乏了解，即使进行沟通，有时也难以消除误会	成员之间互派管理人员到对方地区工作一段时间，让有关人员理解对方的特殊性	经过人员互换，可以让双方更好地互相了解，更能设身处地站在对方立场上考虑问题，以便在共同目标的基础上，妥善处理一些渠道内部冲突
劝说法	通过劝说来解决冲突，其实就是在利用领导力促使双方和谐共处	强调通过劝说而非其他方式来影响渠道成员的行为	劝说可以让存在冲突的渠道成员改善沟通，履行各自的承诺，减少因职能分工引起的冲突
协商谈判法	谈判的目标在于调停成员间的冲突。妥协也许会避免冲突爆发，但不能解决冲突的根源，所以需要协商	在谈判过程中，每个成员应放弃一些东西以避免冲突的发生，利用谈判法要视成员的沟通能力而定	用此类方法解决冲突可使每位成员形成一个独立的战略方案，以确保问题解决
仲裁法	当渠道成员发生冲突时，由于冲突双方有利益关系，所以看问题难免有失偏颇，故需要第三方介入	请求非渠道成员的第三方介入，调停渠道冲突	第三方从中调和仲裁，往往可使冲突更容易解决
诉讼法	冲突达到一定程度，有时就不得不借助法律途径来解决	诉诸法律来解决问题，请法律裁定	能解决渠道冲突，但可能伤害渠道成员间的合作关系
退出法	当冲突确实不可调和时，退出也是一种可取的办法	退出本渠道	这是解决冲突的最后一种方法，也是能彻底消除冲突的方法，但应慎用

　　值得注意的是，如果营销总监决定从现有渠道中退出，则可能意味着中断与某个或某些渠道成员的合同关系，需要对由此产生的影响提前做好一定的准备。

　　① 由于制造费用和管理费用被分摊在较少的产品上，单位产品的生产成本将会提高。

　　② 可能闲置部分设备，引起有限资源的人为浪费。

　　③ 原来占有的一些市场机会可能会转到竞争者手中，增加了竞争企业的经营实力。

　　④ 会引起其他经销商的不安和不稳定感。

6.4.3　构筑渠道冲突防火墙

　　渠道冲突由来已久，只要渠道中各成员的目标不一致，利益纷争就会一直存在。事实上，在产品、品牌、竞争状况以及在生产企业和分销商各自不同的发展时期，两者的内在动机都是不一致的，尽管他们有一纸双方达成共识的合同。但作为营销总监，只要操作得当，还是能够创造出一种阶段性的统一，通过这种阶段性的统一也可能过渡到长久的利益共享，达到双赢的结果。因此，营销总监不能因为冲突的必然性而否认冲突的可控性。

　　销售渠道产生的恶性冲突，有些是可以事先防范的，那么营销总监应该如何有效防范渠道中的恶性冲突呢？可以构筑如图 6-6 所示的渠道冲突防火墙。

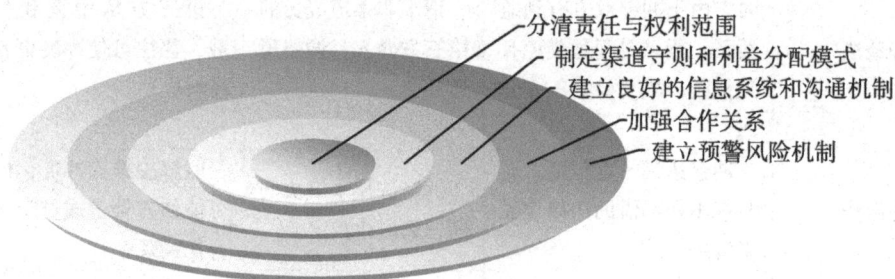

　　分清责任与权利范围
　　制定渠道守则和利益分配模式
　　建立良好的信息系统和沟通机制
　　加强合作关系
　　建立预警风险机制

图 6-6　渠道冲突防火墙

1．分清责任与权利范围

　　为了扩大市场份额，区域市场的成员往往因为销售范围、市场占有、货架占有、产品覆盖等各种影响销售额的因素而爆发冲突。因此，在组建渠道时，营销总监要明确划分渠道中各成员的责任范围和市场权利范围，并尽可能地让它们知道企业的发展思路，引导它们在渠道的变革和波动过程中，形成各自相对稳定的经营强项和区位优势。

不同的渠道、不同的经销商承担着的使命不同，营销总监应在市场发展的不同时期，选择经营不同渠道的经销商，通过评估它们的管理能力、经营特长、资信状况以及发展潜力等因素，来判定它们在各自渠道计划中的位置和分量。

2. 制定渠道守则和利益分配模式

营销总监需要建立严密、周到的渠道守则和运行良好的利益分配模式，以免由于利益的过分倾斜而发生渠道冲突。在渠道中，不同的代理商、经销商总能够在其销售总量、网点渗透率、利润贡献度、流通速度等方面，拥有各自的渠道地位。

营销总监在渠道规划和客户发展的时期，就应该未雨绸缪，考虑平衡渠道中的"各阶级力量"。

3. 建立良好的信息系统和沟通机制

良好的信息系统和沟通机制是增强感情的有效工具，也是营销总监预防渠道冲突发生的重要手段。例如，营销总监可以定期或不定期地举行一定区域内的分销商联谊会，共商市场发展大计，协调企业与分销商之间、分销商与分销商之间的关系，以形成相互理解、相互信任、相互支持、共同发展的良好合作与共存的关系。

4. 加强合作关系

营销总监应在充分享受销售渠道资源的同时，多思考如何与中间商形成战略合作伙伴或平等的合作关系，以实现优势互补、共同获利、协同发展的目的。

5. 建立预警风险机制

预警风险，是一种方法，也是一种意识。对管理者来说，在渠道政策变化、渠道结构调整、渠道力量增减之前，进行风险的预警和评估，能够有效地防范矛盾的激化。

案例讨论　H 微波炉企业的渠道之争

刘经理是 H 微波炉的区域销售经理，负责西南地区 C 市的微波炉销售工作。C 市微波炉经销商主要有 3 家。

第一家是传统卖场百货企业。该经销商始终把 H 微波炉品牌作为第一主推品牌，其销量约占微波炉总销量的 1/4，是 H 微波炉不可或缺的客户。

第二家是新兴品牌华强电器。它在当地影响力大，经营品牌众多，是区域独家代理。刘经理就任以来，经过一番艰苦谈判，最终才真正进入华强电器，但付出的代价是：以区域内最低价供货、先货后款以及提供大量的市场支持和优惠的政策支持。

第三家是一家全国专业家电连锁企业正荣连锁。不过该连锁企业在 C 市只有一个门店，销售情况也不佳。但是从长远来看，正荣在 C 市的发展潜力还是较大的。

正当刘经理为拿下华强而欣慰时，一场价格战让刘经理猝不及防。在未经 H 微波炉企业同意的情况下，正荣连锁在当地媒体发布 H 微波炉企业一款微波炉的降价信息，而这款微波炉是由华强独家经销且是华强畅销和主推的产品。华强获知消息后，立即也开始大幅度降价，比正荣连锁公布的价格还低。百货企业得知华强全面下调 H 微波炉价格后，也不得不参与到这场价格战中来。这样，H 微波炉在 C 市的渠道全面失控，致使销售陷入窘境。

案例提示

该案例是一个很典型的区域市场的渠道冲突问题，主要涉及区域市场内大客户矛盾及价格混乱的问题。

讨论题目

1. H 微波炉企业要解决冲突，首先要解决的问题是什么？

2. 假如你处在刘经理的位置上，你会如何整合资源，妥善处理 C 市三大巨头的"价格竞争"？

思考

1. 结合你所在的行业，分析一下良性渠道冲突的表现特征及如何利用良性渠道冲突。

2. 分析一下你所在行业产生渠道恶性冲突的成因，你将怎样有效防范这种恶性冲突？

本章小结

本章主要介绍了对渠道成员的管理策略。

渠道成员的管理心诀：推+拉。既要通过各种措施推动渠道成员和己方合作的积极性，又要通过广告等手段，拉动渠道成员和己方合作的主动性。

渠道中的大客户管理是非常重要的。通过 ABC 客户分析法，我们可以找出最有价值的大客户；通过提升大客户的竞争实力，我们可以相应为自己创造价值；通过斩杀不良真大户，我们可以将更多的资源集中到能给我们带来收益的客户身上；此外，我们还要避免大客户成为企业的软肋。

渠道窜货管理方法很多，我们首先通过解读窜货对窜货有了大致的了解；接着讲述了如何构建恶性窜货防护网及恶性窜货治理方法等。

渠道冲突管理方法一节，我们首先扫描了渠道冲突，了解了其类型及产生动因；接着我们论述了解决渠道冲突的流程；最后阐述了如何构筑渠道冲突防火墙。

第 7 章

渠道物流这样管

　　渠道物流，一般简称物流，其基本使命就是弥补商品生产和消费之间的时空差异，让消费者能够及时、方便地购买和消费所需的商品。营销总监只有了解销售渠道物流运作过程，并在此基础上制定科学的销售渠道物流策略，才能最终实现产品从生产过程到消费过程的转换。

　　渠道物流的具体内容包括订单管理、运输管理和仓储管理。本章通过对上述三方面内容的详细阐述，说明了产品从生产企业向中间商和最终消费者流动的过程，以及在这个流动过程中企业如何更加快捷地提高物流服务质量，获得更加优异的物流绩效。

渠道订单管理

本节要点

1. 订单处理内容

2. 订单处理具体流程

3. 订单与物流的协调

7.1.1　订单处理内容

营销总监虽然不必亲自处理各种订单，但对订单处理的内容和流程，还是应该做一些了解的。

渠道物流从接到客户订单（订货合同，见表 7-1）开始。订单处理是与客户直接沟通的作业阶段，对后续的货物运输、仓储会产生直接影响。

表 7-1　客户订单（订货合同）

订货单编号：　　　　　　　　　　　　　　　　　　　　　　　　　订货日期：

供货人名称：　　　　　　　接货人名称：　　　　　　　交货日期：

地址：　　　　　　　　　　地址：　　　　　　　　　　交货地点：

电话：　　　　　　　　　　电话：　　　　　　　　　　付款条件：

商品品名	规　格	单　位	数　量	单　价	金额小计
总计					

运输方式：

注：本订单明确规定，只接受上述注明的条款和条件及本订单附件或用别的方式说明的附加条款和条件，而不接受卖方提出的附加条款和条件。

订单处理方式分人工处理和计算机处理两种。人工处理的优点是弹性较大，但只适合处理少量的订单，一旦订单数量较多，处理过程将变得缓慢且易出错。计算机处理则速度快、效率高，适合大量的订单处理。

订单处理工作基本可分为接受订货、订单确认、备货整装、制单发运 4 个阶段，具体的工作内容如下。

1. 接受订货

接受订货是订单处理的第一步。随着物流环境的改善和现代科技的发展，接受客户订货的方式逐步由传统的人工下单、接单向电脑间接接受订货的电子订货方式发展。

① 传统订货。传统的订货方式包括业务员跑单接单、邮寄订单、客户自行取货、电话口头订货、传真订货。传统订货方式有一定的优点，但也存在不少缺点，其中以时间和费用相对较多尤为突出。

② 电子订货。这是一种依靠计算机网络的订货方式，它借助计算机处理功能，将订货信息转为计算机网络能识别的电子信息，并由通信网络传送，故称为电子订货。采用电子订货能极大地提高服务水平，及时、准确地反映当前的库存情况。

2. 订单确认

订单确认的步骤如下。

① 检查订单信息是否完整、准确。

② 信用部门审查客户的信誉。

③ 市场销售部门把销售额记入有关销售人员的账下。

④ 会计部门记录这笔交易。

3. 备货整装

备货整装需要经过以下 3 个步骤。

① 库存管理部门选择并通知距客户最近的仓库分拣客户订货、包装备运。

② 登入企业的库存控制总账，扣除库存。

③ 将货物及托运单送交运输商。

4．制单发运

制单发运需按以下流程进行。

① 运输部门安排货物运输，将货物从仓库发运到客户收货地点。

② 将发货单寄给客户。

7.1.2　订单处理具体流程

订单处理的具体流程如图 7-1 所示。

工具　订单处理流程

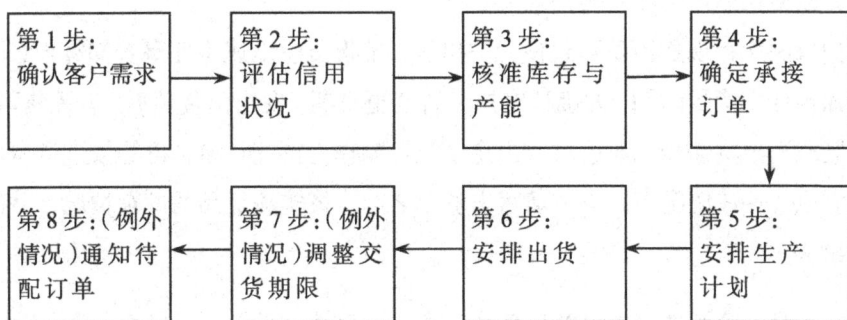

第 1 步： 确认客户需求	→	第 2 步： 评估信用 状况	→	第 3 步： 核准库存与 产能	→	第 4 步： 确定承接 订单
第 8 步：（例外 情况）通知待 配订单	←	第 7 步：（例外 情况）调整交 货期限	←	第 6 步： 安排出货	←	第 5 步： 安排生产 计划

图 7-1　订单处理流程

当接到中间商订货明细时，通过销售员填写的"客户订单表"，及时确认中间商的需求（如产品的规格、特性、尺寸、价格、数量等）及其信用状况。在接受订单之前，必须确定中间商是否符合企业的信用管理标准，待对其进行信用评估后，再决定是否接受订单。

至于本企业有经常业务往来的老客户，则在信用额度内，销售员可直接填写"订货单"，经主管审核通过后，即可准备出货。

销售人员首先要确定生产制造部门是否可以如期交货，然后才承接订单。市场部门将承接的订单，送一联至工厂的生产计划处，同时将已经接到的订单加以汇总，预测下一个月的销售量，并填制"月份产销计划表"，送至生产计划处作为制定生产计划的依据。生产计划处在与市场部门协调后，拟订月份生产计划表。而存货生产方式的承接订单，只要销售员利用电话或电脑查询成品仓库内的库存量，即可确认出货。

为了避免作业疏忽而丧失销售机会，承接订单后，一定要将品名、数量、单价、交货日期以及其他条件记录清楚，使该笔订单得到适当处理。在物品出货或提供劳务之前，必须对单价、信用额度、付款条件等予以审核，且必须确认是否符合企业所定政策。一旦收到订单，必须加以处理，以防止错误的发生。此外，若订单内容有所变更时，必须将变更内容记录下来。为防止订单的丢失，并保证全部事宜能够适时处理，订货单等必须加编连续号码。

完成上述程序后，必须立即填写多联式出货单。然后把出货单交给货运部门人员，以便快速出货满足客户需要。

如果因库存现货不足而致使无法出货，销售员应迅速将此事告知客户，同时亦告知预计出货的时间，并确认客户可否变更日期。发出出货单后，若无货可出，应赶紧取消出货命令，或请求客户将该笔订购作为待配订单，再等候进货时机或制造完成。一般情况下，应在填写出货单之前，核实该货品的库存情况，并确定能否出货。

青岛啤酒集团在 1998 年第一季度，就提出了以"新鲜度管理"为系统目标的物流管理系统思路，开始建立新的物流管理系统。当时，青岛啤酒的年产量只有 30 多万吨，但库存却高达年产量的 1/10，即维持在 3 万吨左右。

"新鲜度管理"的物流实施方法是：以提高供应链运行效率为目标的物流管理改革，建立集团与各销售点物流、信息流和资金流全部由计算机网络管理的快速信息通道和智能化配送系统。通过物流管理系统把产品尽快送到各渠道销售商处。

青岛啤酒集团把"新鲜度管理"作为物流系统的直接目标，这样不但使得库存降低、流动资金降低、损耗降低，更重要的是在实现消费者满意的新鲜度目标的同时，达到了降低库存的目的。

7.1.3　订单与物流的协调

订单的重要特征表现在订单量、订单时间以及订单统计的相关特性等要素上。

订单量在形式上多种多样，特别是在某些产业中订单量千差万别。有时候订单量呈指数分布，即平均发货量比较适当；但有时候却可能并非如此。极少数订单的购货量可能非常大，而很多其他订单的购货量又非常小，更让人头疼的是，这种小额订单在数量上很可能占了企业订单总数的大部分。这时营销总监就必须弄清楚，这种购货量少但购买次数多的订单量究竟占多大比例，它对整个物流系统会造成什么样的负担和影响。

在总需求中有两到三个大额订单，而其他订单相对较小的订单量分布形式叫对数正态分布，这是一种比较合理的订单量分布形式。如今，很多营销总监为了提高物流效率，降低不必要的成本，在订单量类型分析的基础上，对特定商品设定最低订单量。当然，最低订单量必须充分考虑商品的需求特性和其他经营管理要素。

实行什么样的价格折扣计划对订单量的形成有一定的影响。一般情况下，订单量有随价格下降而增大的倾向。在实行价格折扣或降价的情况下，客户要在考虑自身条件的基础上决定最佳购入量。不存在价格差的场合，最佳订单的选择与价格的关系不明显。因此，在价格折扣能产生效应的情况下，一种或数种产品的降价会使物流量相对集中。

进一步看，价格的下降还会对相应的制造、流通技术以及物流方式和效率产生影响。但与此同时，企业的生产与物流系统的配置无法适应物流量集中发展的要求，产生了经营活动的断层，阻碍了企业价格政策和促销政策的实施。所以，营销总监在实行价格折扣时必须充分考虑物流量与生产、流通以及物流系统的协调问题。

在订单持续很多或持续很少，或者集中起来物流量很大的情况下，营销总监应使用消费者补充发货系统，也就是进行系统化的发货。例如，在零售点一月一次订单的形式下，如果再沿用传统的单据订单或电话订单方式，会削弱商品供给方的力量。而在这种订单类型下，供给者与消费者相互满足需求，达到物流管理的一致和共同操作化，会增加交易持续进行的可能，既有利于物流效率的提高，也有利于更多的产品附加值的产生。

案例讨论　K 化工企业的电子订单处理

2010 年，K 化工企业构建了 ERP 系统项目，该系统中的渠道销售商订单处理功能设有渠道销售商订单、销售要货计划、生产计划、作业安排等数据表，各有关部门的人员都能看到相应的数据表。生产管理子系统与原料管理子系统之间，只有后者向前者提供的原料库存数据，生产缺料数据则未包括在系统中。

随着经济的持续高速增长，企业呈现出渠道销售商订单响应慢、库存积压多等棘手的管理问题。

于是，2011 年企业实施了"贯穿于 ERP 系统中的客户订单处理功能"的新方案。该方案实现了各部门间的数据共享。

新的渠道销售商订单处理功能的主要特点为：

（1）设置渠道销售商订单进程状态变量，订单每前进一个阶段就标注相应的完成标志和日期；

（2）各部门的管理人员共享渠道销售商订单数据，通过订单的状态标志，可以了解和控制订单的执行进程；

（3）销售员直接将所有接到的渠道销售商订单数据输入系统；

（4）根据渠道销售商订单、销售要货计划、生产计划，自动生成原料缺料表，为原料采购提供依据；

（5）该系统还对订单的执行状态进行排序和预警，大大提高了订单执行效率和准确率。

案例提示

该企业的 ERP 系统实施后，运行效果证明确实显著地提高了客户服务的水平。

讨论题目

1. 新的客户订单处理功能与原有系统的功能在哪些地方有改进？新的客户订单处理功能对客户服务水平的提高在哪些方面能得到体现？

2. 在客户订单处理的各部门协作方面，新方案的功能能产生什么作用？

3. 为更好地服务于客户，新的客户订单处理功能还有哪些地方可以做进一步的扩展？

？思考

1. 请谈谈你所在企业的订单处理流程。你认为哪些流程可以改进？

2. 你所在企业的订单与物流是怎样协调和平衡的？结合本节内容，谈一谈有哪些方法可以解决订单与物流的矛盾？

7.2 渠道运输管理

本节要点

1. 渠道运输方式

2. 设计最佳经济运输方式

3. 运输管理流程

商品在配送过程中空间位置的变动称为运输。运输是物流活动的一项重要内容，能更好地满足消费需要，增加商品交换价值，是保障销售活动顺利进行的必要措施和手段。所以，营销总监应做好渠道运输管理。

7.2.1　渠道运输方式

渠道运输方式即用来作为商品在物流据点间移动的手段，如水路、铁路、公路和飞机等。选用何种运输手段，对提高物流效率、改善物流效果具有十分重要的意义，所以营销总监应明了各种运输方式的利弊及适用货物，做出合适的运输方式选择。

1. 水路运输

水路运输在整个货物运输方式中占有重要地位，而且具有很大的潜力。它主要有运输量大和运费低等明显的优点，但也存在不足之处。例如，水路运输受气候和自然条件的影响较大，航期不易确定，而且风险较大。此外，水路运输的速度也相对较低。根据水运的特点，这种运输方式对于价值低、体积小的货物较为合适。有条件采用水陆联运的形式，对大宗货物进行长距离的运输则更为有利。

2. 铁路运输

铁路运输经济里程一般在 200 公里以上，但从成本、环保等方面考虑，铁路货运仍可占有重要地位。

3. 公路运输

公路运输机动、灵活，投资少，受自然条件影响小，能够取货（接客）到家，为铁路、水运、空运起集散作用。公路运输的经济半径，一般在 200 公里以内。

4. 航空运输

航空运输的单位成本很高，主要适合运载的物品有两类：一类是价值高、运费承担能力很强的物品，如贵重设备的零部件、高档产品等；另一类是紧急需要的物品，如救灾抢险物品等。

7.2.2　设计最佳经济运输方式

最佳经济运输，就是按照货物流通规律、交通运输条件、货物合理流向、市场供需情况，走最少的里程、经最少的环节、用最少的运力、花最少的费用、以最快的时间，把货物从生产地运到消费地，也就是用最少的劳动消耗，运输最多的货物，取得最佳的经济效益。营销总监必须在物流运输的实际工作中，根据自身的具体情况制定出符合企业经营状况的运输线路，从而达到物流运输合理化的目标。

最佳经济运输取决于 5 个方面因素的合理配置：运输距离、运输环节、运输费用、运输工具、运输时间。

最佳经济运输的主要形式有以下几种：分区产销平衡合理运输、直达运输、"四就"直拨运输、合整装车运输和提高技术装载量运输。

1．分区产销平衡合理运输

这种方式是指在物流活动中，使某种货物从一定的生产区固定于一定的消费区。在产销平衡的基础上，以近产近销为原则，使货物走最少的距离，来组织运输活动。

（1）分区产销平衡合理运输方式的优点

这种方式加强了产、供、运、销的计划性，消除过远、迂回、对流等不合理运输，降低了物流费用，节约运输成本及运输耗费。

（2）适用范围及情况

这种方式适用于品种单一、规格简单、生产集中、消费分散或生产分散、消费集中且调运量大的货物，如煤炭、木材、水泥、粮食、矿建材料等。

2．直达运输

这种方式指越过商业物资仓库环节或铁路交通等中转环节，把货物从产地或起运地直接运到销地，以减少中间环节的一种运输方式。

（1）直达运输的优缺点

这种方式的优点是减少了中间环节，节省了运输时间与费用，灵活度较大。但对企业各部门分工协作要求较高，企业内部计划、财会、业务、仓库等各个机构应加强联系，并建立相应的联系制度来满足其需求。

（2）适用范围及情况

这种方式通常适用于某些体积大、笨重的生产资料运输，如矿石等。对于出口货物也多采用直达运输方式。一些消费品可依货物规格等具体情况的不同，越过不同的中间环节直接到达批发商或零售商的手中。

3. "四就"直拨运输

这种方式是指物流经理在组织货物调运的过程中，对当地生产或由外地到达的货物采取直拨的办法，把货物直接分拨给基层的批发、零售环节。这种方式可以减少一些中间环节，在时间与成本方面收到双重的经济效益。

在实际的物流工作中，物流经理可以根据不同的情况，采取就厂直拨、就车站直拨、就仓库直拨、就车船过载等具体的运作方式。

4. 合整装车运输

这种方式指在组织铁路货运过程中，同一发货人的不同品种发往同一到站、统一收货人的零担托运货物，由物流部门进行组配，放在一个车内，以整车运输的方式托运到目的地；或把同一方向、不同到站的零担货物，集中组配在一个车皮内，运到一个适当的车站再中转分运。采用合整装车运输的方法，可以降低运输费用，节约劳动力。

这种方式主要应用于商业、供销部门等的杂货运输。根据不同的实际情况，可采取 4 种做法：主要零担货物拼整车直达运输；零担货物拼整车接力直达或中转分运；整车分卸（二、三站分卸）；整装零担。

5. 提高技术装载量运输

这种方式充分利用车船载重吨位和装载容积，对不同的货物进行搭配运输或组装运输，使同一运输工具能装载尽可能多的货物。

这种方式一方面最大限度地利用了车船的载重吨位，另一方面提高了运输工具的使用效率。

这种方式的主要做法有以下 3 种：将重货物和轻货物组装在一起；对一些比较笨重、容易致损的货物解体运输、分别包装，使之易于装卸和搬运；根据不同货物的包装形状，采取各种有效的堆码方法。

　　飞利浦通过第三方物流和第四方物流，尤其是第四方物流精减了物流流程，缩减了人力。

　　2000 年飞利浦在中国拥有 40 多个物流供应商，共有 60 多人，一共 18 台传真机超负荷运转，处理着上百个产品、上百万张单据。2001 年飞利浦采用了电子数据交换，所用物流企业从 15 家缩减到 5 家，从而缩短了飞利浦的产品到达各渠道销售商的时间。

　　其原来的具体工作流程如下：对订单进行分拣，确定装卸、路线和负责供应商等信息，同时当数据反馈回来后，还要确定单据的来源等。这导致飞利浦的物流工作非常烦琐。飞利浦经过研究发现，解决这个问题需要引入一个平台，只要把这些数据传送到这个平台，与各个物流商进行数据交换，然后再将最后结论传给飞利浦就可大大简化工作流程。按照这个思路，飞利浦寻找到了华夏媒体，让华夏媒体作为物流的第四方。虽然第四方物流商的出现增加了飞利浦的物流成本，但却精减了物流的流程和人员。

7.2.3　运输管理流程

　　对运输业务而言，有时是生产企业自己组织的，有时需要选择运输代理商，利用其专业优势为自己的物流工作服务。无论是哪种形式，都需要营销总监对运输业务进行有针对性、高效和全面的管理，从而促使企业运输业务得到优化。

　　运输管理流程如图 7-2 所示。

图 7-2　运输管理流程

1. 运输服务和运价谈判

营销总监所进行的首要工作就是根据企业的不同货物的具体要求，与独立的运输企业签订运输合同，通过谈判确定运价。

2. 选择合适的运输企业

营销总监在选择运输企业时，主要标准是运输服务质量和运输费用。具体应考虑以下各主要因素。

① 取货、运输和送货服务质量良好，包括及时、准确、迅速、安全和可靠。

② 运输服务所需费用比较合理和低廉。

③ 能及时提供运输车辆以及关于货物在途运输情况等查询和其他业务咨询服务。

④ 货物在运输中丢失或损坏，能及时处理有关索赔事项。

⑤ 正确填制提单、货票等运输凭证。

⑥ 双方长期真诚的合作关系。

3. 确定运输路线

如果营销总监委托运输企业运送货物，确定运输路线的工作就交由运输企业处理。但在企业自备运输车辆进行货物运输的情况下，当存在多条运输路线时，就需要营销总监运用一定的方法来确定最佳的运输路线，确保企业物流费用的最小化和经济效益的最大化。

4. 货物接收管理

货物接收是货物运输过程的最后环节。营销总监在接到发货单位的预报或运输企业的到货通知后，应迅速组织相应的员工做好接货卸车的准备工作（包括物资准备、人力准备、业务准备）。货物到达时，营销总监要指挥员工根据货物运单（或发货明细表）清点货物。如发现货物残损、短缺等问题，属于运输企业责任的，应填制货运记录，据此向运输企业索赔；属于发货企业的差错事故，要填制普通记录提出查询，及时处理；货物核收后，要将接收情况回报发货企业得知。

5．运输费用核算

营销总监在结束运输工作后，应当对货物运输过程中所有的费用进行核算。货物运输费用是指在货物运输过程中发生的运费、装卸费、包装费、货位占用费、手续费等项支出。

🔧 工具 计算货物运输费用的程序

在进行货物运输时，必然会产生运输费用，那么这些运费该如何计算呢？如表 7-2 是货物运输费用的计算程序。

表 7-2 计算货物运输费用的程序

程　　序	说　　明
计算里程	根据《货物运价里程表》，算出始发站到终点站的运价里程
确定运价号	根据货物运单上填写的货物名称，查找"铁路货物运输品名分类与代码表"和《铁路货物运输品名检查表》，确定适用的运价号。 整车、零担货物，按货物适用的运价号；集装箱货物根据箱型；冷藏车货物根据车种，分别在"货物运价率表"中查出适用的发到基价和运行基价
计算运费	货物适用的发到基价，与按《铁路货物运输规则》确定的计费重量（集装箱为箱数）相乘，计算得到发到运费；运行基价与货物的运价里程相乘后，再与按《铁路货物运输规则》确定的计费重量（集装箱为箱数）相乘，计算出运行运费
计算杂费	杂费根据《铁路货物运价规则》的规定算出

6．运输事故的处理与索赔

如果企业的物流部门在货物发运、中转或接收过程中，发生或发现货物短少、残损、变质或其他事故，那么，营销总监要明确划分责任并及时处理。一般来说，货物在运输承运前发生的损失由发货企业负责；从接收中转货物起，到交付运输企业转运时止所发生的损失，由运输企业负责；货物到达后与运输企业办完交接手续后发生的损失由收货企业负责。

收货企业在接收运输企业交付的货物时，发现短少、残损、变质、污染、水湿、被盗、包装破损以及单货不符等事故，应当场同运输企业分清责任，并做好货运记录或普通记录。按有关规定，及时办理索赔，取得赔偿。

案例讨论　家乐福在中国的运输决策

家乐福于 1995 年进入中国市场，家乐福的供货很及时，这也是家乐福在中国经营很成功的原因之一。家乐福中国的运输网络分散度高，为了节省建设仓库的费用和管理费用，方便商品运送，家乐福的送货车大部分是供应商自己提供的，这便省去了大量的运输费用。

家乐福的配送采用供应商直送模式。各供应商和家乐福的车辆采用"轻重配载"策略。这样有效利用了车辆的各级空间，降低了货物的运输成本。

供应商能在最短时间内掌握货架商品数量和每日销售情况，靠的是先进的信息管理系统。这让供应商的补货和退货更方便，同时也有利于供应商与家乐福增加信任，从而建立长期的合作关系。

案例提示

不管什么类型的企业，无论企业规模大小，其运输决策的出发点都是为企业最大限度节支增收服务的，而运输决策也必将在企业运营中扮演越来越重要的角色。

讨论题目

1. 一家企业的物流系统运输决策往往通过哪些方面来实现？

2. 分析家乐福的运输决策对你有什么启发。

？ 思考

1. 在选择运输公司时，企业要考虑哪些因素？你认为哪种因素更为重要？

2．你的企业采用的是哪种运输方式？该运输方式是否走最少的里程、经最少的环节、用最少的运力、花最少的费用、以最快的时间到达消费地？有哪些需要改进的地方？

7.3 ● 渠道仓储管理

本节要点

1. 企业仓库设计
2. 企业存货控制
3. 中间商库存管理

渠道仓储通过提供各种场所和设备来收储和保管商品，以满足商品供求、周转上的需要，实现生产与消费在时间和空间上的衔接。渠道中的货物流通过程，如图 7-3 所示。

图 7-3 渠道中的货物流通过程

7.3.1 企业仓库设计

仓库设计主要包括：确定仓库数量，选择仓库地点，选择仓库类型，确定仓库规模，确定仓库布局。

1．确定仓库数量

确定仓库数量就是要确定最佳数量的仓储点。仓库数量多，库址容易满足批发商和零售商的需要，能够比较快地把货物送到消费者手中，总运输费用也会降低。但是，由于仓租费用高，仓储成本也将相应增加。反之，仓库数量少，地址相对集中，仓租费用减少。总之，营销总监在确定仓库数量时，必须在渠道服务水平和分销成本之间取得平衡。

2. 选择仓库地点

选择仓库地点是仓储管理的重要内容。合理的位置既可以减少仓库数目，又有利于缩短货物的运送时间和距离。营销总监在确定仓库地点时需要考虑中间商的地理分布、自然地理条件、运输条件、地价和当地的法律法规等因素，既能最大限度地方便中间商，辐射到最集中的消费区域，又可以保证最低的运输成本，使二者平衡。

3. 选择仓库类型

仓库的类型多种多样，有营业仓库、公共仓库、私人仓库等。对企业来说，利用营业仓库灵活方便，保管效果好。按照仓库的职能标准分，可分为保管仓库和流通仓库等。流通仓库除储存商品外，还具有代理销售、销售服务、组织运输和配销商品等功能。

4. 确定仓库规模

营销总监在确定仓库规模大小时，应主要考虑仓库的商品储存量，同时还应考虑储存的时间和周转速度。

5. 确定仓库布局

仓库内存货的位置会直接影响仓库内移动的所有货物的搬运费用，所以营销总监对仓库进行内部设计时，特别需要考虑的是仓库的内在布局。

7.3.2　企业存货控制

所谓存货控制，即商品合理储存量的管理。目的是使企业的商品储存量保持在最适当的水平，既不脱销缺货，又不库存积压。

为此，营销总监必须对商品库存进行控制，随时掌握库存的变化情况，以便针对问题及时做出经营决策。首先，应对主要商品制定合理库存定额或限额，据以掌握进货和确定商品资金占用额度。同时，应经常了解库存结构情况，定期分析库存结构。库存结构是指各类商品在库存商品总额中所占比例，反映了库存商品的构成情况，为了使库存商品结构合理，应掌握科学的分类管理方法，如可采用 ABC 分类法，对库存商品做结构分析。

ABC 分类法，也称重点管理法。它把管理对象分为 A、B、C 三类，针对三类的不同特点，采用不同的管理对策，分别进行重点和一般化管理。运用此法，要求掌握好两个分类标志：一是库存商品品种，二是库存商品资金占用金额。

分类时，营销总监应先将企业经营的商品，根据品种比例和资金占用的比例，按规定的划分标准进行分类：把库存额大，品种少的商品划分为 A 类；把库存额一般，品种较多的商品划分为 B 类；把库存额小，品种多的商品划分为 C 类。见表 7-3。

表 7-3　ABC 分类法

分　　类	金额标准	品种标准
A	70%左右	10%左右
B	20%左右	20%左右
C	10%左右	70%左右

该分类法大体划分的比例是，品种比例是 1:2:7，金额比例是 7:2:1。当然，在实际工作中，对比例不必硬性划分，但也不能与此比例相差过大，否则也就失去了 A、B、C 重点分类法的管理作用。

在管理中，应对 A 类商品进行重点管理，经常控制其资金占用额和结构，一般不能超过库存限额；同时，对占用库存要开展保本分析，做到资金占用和盈亏心中有数。在保证商品供应的条件下，尽量压缩库存数量。对 B 类商品要按类掌握进货和库存，尽可能固定进货周期和进货批量，以保证商品库存数量比较稳定。对 C 类商品可视具体情况灵活掌握，可以用总金额控制，集中和大批量进货，管理可以稍微放宽一些。

营销总监在进行 A 类商品的库存管理时，应制定合理的商品储存定额，作为控制商品储存量的标准，并实行严格的定额管理。

商品储存定额包括三种：最高储存定额、最低储存定额、平均储存定额。在企业进货的前一天，储存额降到最低；而进货的当天，储存额最高。制定最高和最低储存额的目的是防止商品积压和脱销现象的出现。最高储存定额称为"防止积压警戒线"，最低储存定额称为"防止脱销警戒线"，平均储存定额是最高和最低储存定额的平均数，称为"商品资金合理占用线"。

计算公式如下：

最高储存定额=（进货的间隔天数+最低定额天数）×平均每日销售量

最低储存定额=（进货在途天数+销售准备天数+商品陈列天数+保险天数）×平均每日销售量

平均储存定额=（最高储存定额+最低储存定额）÷2

在库存商品的管理模式上，家乐福实行品类管理，优化商品结构。

一个商品进入之后，会有 POS 机对库存、销售等数据进行统一的汇总和分析，根据汇总分析的结果对库存的商品进行分类。然后，根据不同的商品分类拟订相应适合的库存计划模式。对于各类型的不同商品，根据分类制定不同的订货公式的参数。

根据安全库存量的方法，当可得到的仓库存储水平下降到确定的安全库存量或以下的时候，该系统就会启动自动订货程序。

必须指出的是，营销总监除采用制定定额的方法控制存货外，还应结合清仓查库，以经营管理中的经验判断，综合分析商品销售和库存变化的动态，及时发现问题，以便采取相应的对策。

7.3.3　中间商库存管理

成功的销售是帮助中间商把产品出售给最终消费者。因此，为了确切知道企业的产品销售情况，应该加强中间商的库存管理。

1. 库存量的确定

营销总监需要控制好渠道成员的库存量，控制好产品的流速和流量。如果中间商库存做得不好，就会出现以下两种现象。

① 中间商库存量小，导致出现脱销现象。脱销现象不仅仅耽误了中间商的生意，更重要的是耽误了企业的销售，给竞争对手留下更大的运作空间。

② 中间商库存量大，导致出现窜货现象。窜货现象严重会占压中间商的流动资金，不利于中间商的正常经营。

因此，营销总监应要求中间商保持一个正常的库存量，即在企业送货周期与送货能力许可下的最小库存量，一般保持 2 ~ 4 周销售量的库存最佳。

临时性的需求高峰或促销时期需要提前向渠道成员供货。必要时，营销总监还要帮助渠道成员间进行换货或转货。

2. 库存量的统计

营销总监要及时了解中间商的实际库存量，最好做到每周统计、每月汇总，以方便销售统计与销售预测，可以采取如表 7-4 所示的中间商库存统计表。

工具　中间商库存统计表

表 7-4　中间商库存统计表

中间商名称或编号	产品项目	A 产 品	B 产 品	C 产 品
	月初库存			
	本月订货			
	月底库存			
	实际销量			

有了中间商的库存量统计，营销总监才能真正了解实际销售量，才算掌握了一手的销售信息。在进行新产品价格调整或淘汰旧产品推出新产品时，库存量统计显得尤其重要。

案例讨论　L 皮带生产企业的仓库布局

　　L 企业是一家生产皮带的工厂，它只生产几种产品，而产品的主要差别在于皮带的尺寸。在设计仓库布局时，该企业以按照皮带的尺寸大小分别存放为原则进行考虑。先按照皮带的腰围大小，从最小尺寸到最大尺寸分为若干类。分类分项后，按顺序存放。

　　为了减少订单分拣人员的分拣时间和各经销商、采购商看货提货的时间，除了按上述方法，将皮带按尺寸大小分类分项存放外，还将那些客户最常选购的一般尺寸，就近存放在存取较为方便的货位，而将特小和特大、客户不常选购的特殊尺码存放在较远和高层的货位。

案例提示

通过货物在仓库中的合理布局，可以提高物流工作的效率，实现物流的合理化。

讨论题目

1. L 企业在仓库布局中的做法对你有什么启发？
2. 结合本节内容，谈谈企业仓库布局要考虑哪些因素？

？ 思考

　　1. 你的企业是如何制定最高和最低库存额的？是否防止了商品的积压和脱销现象？有没有什么改进意见？

　　2. 你了解渠道中间商的实际库存量吗？你认为你的企业今后应该加强哪些方面的管理？

本章小结

本章主要介绍了渠道管理中的订单管理、运输管理和仓储管理。

渠道订单管理阐述了订单处理内容、订单处理具体流程及订单与物流的协调等。

渠道运输管理介绍了渠道运输方式、设计最佳经济运输方式及运输管理流程。

渠道仓储管理论述了企业仓库设计、企业存货控制、中间商库存管理等内容。

订单管理、运输管理、仓储管理都属于物流的一部分，对提高渠道管理效率、降低渠道管理成本，有重要的意义。

第8章

渠道账款这样管

　　赊销可以强化企业市场竞争能力、扩大销售、增加收益、减少存货的资金占用。但赊销意味着商品销售和现金的收回不在同一个时间，可能有拖欠账款甚至坏账的可能性。并且，应收款项的增加，还会造成资金成本和管理费用的增加，比如，催收账款和资金占用的机会成本。所以，营销总监应加强对渠道应收账款的管理，要努力发挥它在增加竞争、扩大销售方面的正面作用，降低坏账等的负面作用。

　　本章通过对客户资信管理、应收账款管理与收账策略两部分内容的详细阐述，说明重视客户资信调查分析、客户资信等级审核、应收账款日常管理及逾期账款清收策略对企业的重要性。

8.1 客户资信管理

本节要点

1. 中间商资信调查分析
2. 中间商资信等级评定
3. 中间商信用风险控制

8.1.1　中间商资信调查分析

在激烈的市场竞争条件下，企业往往借助赊销、放账来提高渠道产品的市场占有率，扩大销售业绩。然而，有些营销总监对于中间商信用状况的了解却停留在表面阶段，仅仅依靠业务员、宣传品等方式来获取信息，甚至以此作为判断中间商能否按时支付账款的依据，这种做法是非常危险的。营销总监由于忽视中间商信用，没有做到准确的信用分析，很可能引发渠道信用危机。所以在进行赊销交易时，一定要对中间商进行信用分析，防范由于赊销管理不当而引发的渠道危机。

1．中间商提出赊销申请

各企业的赊销申请表在格式上可能会有所不同，表 8-1 给出了一个采用较普遍的申请表样式。

表 8-1　中间商赊销申请表

申请日期：　　　　　　　　　　　年　月　日　　　　　　　　　　　申请人：		
客户名称：		
回款状况：□ 及时，从不拖欠　□ 一般，偶尔拖欠　□ 很差，经常拖欠　□ 无信用可言		
调整方向：□ 加强支持　□ 正常进行　□ 加强管理　□ 款到发货　□ 逐步淘汰		
风险评估：□ 基本保障　□ 可以接受　□ 有一定风险　□ 风险较大　□ 风险极大		
最近一月销售额：		
以前信用期限：		

续表

本次申请信用期限：	
本次申请信用金额：	
经办人理由说明：	
申请赊销金额：	元
申请赊销期限：	天　　　　　　　　　　　　申请人签字：
终审意见：	
审定信用期限：	天
审定信用金额：	元
市场部负责人：　　　　　　经监部负责人：　　　　　　总经理：	

2．中间商资信调查

中间商提出赊销申请后，营销总监应收集和更新中间商经营信息、财务信息和交易记录等，以此来决定渠道信用决策。

在进行中间商资信调查时，营销总监可以收集必要的资料，也可以借助有关的专业信息供应企业。通常，具有完善信用管理体系的企业都会定期从专业的信用信息供应商处获取客户的信用资料。因为专业的信用信息供应商能广泛地利用各种信息渠道收集企业的信息，可为企业的营销总监节省大量调查中间商资信的时间、精力。

3．中间商信用审核分析

营销总监在对中间商的信用进行审核分析时，多采用 5C 分析法。

5C 分析法指重点分析影响中间商信用的 5 方面因素的一种分析方法。5C 包括中间商的道德品质（Character）、还款能力（Capacity）、资本实力（Capital）、抵押品（Collateral）和经营环境条件（Condition）。

（1）道德品质

道德品质指中间商努力履行其偿债义务的可能性，是评估中间商信用品质的首要指标。因为每一笔信用交易都隐含了中间商对企业的付款承诺。品质直接决定应收账款的回收速度和回收数额，因而品质是信用评估的最重要因素。

（2）还款能力

还款能力是对中间商是否会按期还款的一种主观判断，其判断依据是客户的还款记录、经营手段、经营能力、是否有风险性经营项目等。

（3）资本实力

资本实力指中间商的财务实力和财务状况，如负债比率、流动比率、速动比率、有形资产净值等财务指标。如果中间商的资产主要靠贷款和欠款形成，则资产负债率较高，信用自然降低。

（4）抵押品

抵押品指中间商为获取商业信用而提供的担保资产，当中间商的信用不明朗，营销总监对中间商的具体情况不了解时，营销总监应要求中间商提供一定价值的抵押品。

（5）经营环境条件

经营环境条件指可能影响中间商付款能力的经济环境，如中间商在困难时期的付款历史、中间商在经济不景气情况下的付款可能。

营销总监对中间商进行以上 5 方面的因素分析后，基本可以对中间商的信用品质进行评定。

> 江苏某家大型物资贸易企业，在物资市场饱和、以赊销为主的经营状况下，2011 年的销售收入达 4 亿元，而呆账损失只有 4 000 多万元。这个成绩是该企业高明的信用等级管理换来的。它们根据 5C 分析法对客户进行评估后将其分为 3 类：A 级客户，即回款及时的客户，企业可以继续满足其赊销的要求；B 级客户，即回款不及时的客户，它们提出的赊销要求，企业要严格调查以往的销售记录和原始档案后决定；C 级客户，即让企业出现呆账的，企业则直接拒绝与其交易。

通过对客户进行信用等级管理，营销总监可以对不同信用等级的客户投入不同的人力和物力，采取不同的服务方式和给予不同的信用额度，促进企业销售额的增长，同时降低信用风险；而且，这么做也为企业积累了一批优质的客户。

除此之外，在资信审核分析中，表 8-2 的内容也是营销总监需要注意的。

工具　客户信用审核表

表 8-2　客户信用审核表

审核项目	现　状	明　显	轻　微	无此迹象
经营状况	销售量短期内突然下滑得厉害			
	虽然一直进行投资，但新的事业却起色不大			
	虽然库存急增，却一直没有消化的迹象			
	虽无确实的市场预测，却仍维持过剩产量			
	实际业绩偏离营运计划目标太远			
	订单数量和销售量与计划目标有很大差异			
	业务量开始锐减			
办公气氛	气氛缺乏积极的感觉			
	不信任及不满情绪到处蔓延			
	员工辞职现象频频发生			
	人事调动及调职现象急增			
	会议频繁			
	主管经常不在			
倒闭迹象	出现要求支票持票人宽延支票期限现象			
	由现金交易突然改为票据往来			
	开始借高利贷			
	似乎已开出空头票据			
	开始处置库存货品			
	开始抛售不动产			
	大量解雇员工			
	员工工资无法按时发放			
	领导层频频换人			

续表

审核项目	现　状	明　显	轻　微	无此迹象
经营者言行	过分自吹自擂			
	满腹牢骚			
	表情复杂多变			
	对于部属突然处处怀疑、刁难			
	明显地时常焦躁不安，无法心平气和			
	谁也不知道其具体在干什么			

8.1.2　中间商资信等级评定

对中间商资信进行分析后，营销总监可以对中间商的信用等级进行评定，如信用状况最好的为 A 级，其次为 B 级、C 级……以此类推。

1. 中间商资信等级划分

在对中间商的等级进行评定时，所运用的方法不同，其分类代码也不尽相同，一般都设 A 级、B 级、C 级和 D 级。中间商不同的资信等级代表着一定的内涵，如表 8-3 所示。

表 8-3　中间商资信等级

等　级	赢利水平	偿债能力	经营状况
A	很高	很强	良性循环，受外部因素影响小
B	平均	足够	良性循环，但易受外部因素影响
C	较低，可能亏损	不足	不好，很难走向良性循环
D	亏损严重，资不抵债	极差	恶性循环，濒临破产

营销总监将客户分成几个级别，最终目的是利用信用等级对客户进行管理。营销总监要针对不同信用等级的客户采取不同的信用管理政策。

（1）A 级中间商

对这类中间商的管理策略，一是营销总监应采取宽松的信用政策，授予其循环信用额度，方便中间商结算；二是营销总监应与中间商建立经常性的联系和沟通，维护与这类中间商良好的业务关系，努力不使这类中间商丢失；三是营销总监应该定期了解这类中间商的情况，定期更新中间商信用信息，注意中间商信用状况变化，采取有弹性的资信对策。在中间商资金周转偶尔有一定的困难，或旺季进货量大、资金不足时，营销总监可以有一定的赊销额度和回款宽限期。但赊销额度以不超过一次进货量为限，回款期限以不超过一个进货周期为限。

（2）B 级中间商

营销总监在管理这类中间商时，一是在信用上应做适当的控制，基本上以信用限额为准，超过信用限额不宜太大；二是努力建立良好的客户关系并不断增加了解；三是对这类中间商进行定期信息收集，尤其应当注意其经营状况和产品市场状况的变化，定期对中间商进行信用分析，调整对中间商的管理策略。

（3）C 级中间商

对这类中间商，营销总监应仔细审查，给予少量或不给信用限度，要求现款现货。但在处理现款现货时，应该讲究艺术性，不要让中间商难堪。

维护这类中间商正常的业务关系难度较大，在业务交往中除了要求其出具合法性文件外，还应进行一些专门调查，如实地考察或委托专业机构调查，增进了解。

对其中欠债甚巨的中间商，坚决要求现款现货，丝毫不能退让，并且要想好一旦这个中间商破产倒闭后在该区域市场的补救措施。C 级中间商不应列为企业的主要客户，应逐步以信用良好、经营实力强的中间商取而代之。

（4）D 级中间商

对这类中间商，营销总监应尽量避免与之进行任何信用交易，即使是进行交易，也应该坚决与之运用现金结算方式。营销总监可以保留这些中间商的资料，但不应投入过多的人力和财力来收集这些中间商的信息。在追回账款的情况下，营销总监应逐步淘汰此类中间商。

2. 中间商信用条件确定

信用条件指企业要求中间商支付赊销款项的条件，主要包括信用期限、折扣期限、现金折扣等条件。信用条件的基本表达方式如"（2/10，n/30）"，即若中间商能够在发票开出以后的 10 天内付款，可以享受账款总额 2% 的现金折扣优惠，如果放弃折扣优惠，则全部款项必须在 30 天内付清。在此，30 天为信用期限，10 天为折扣期限，2% 为现金折扣率。

（1）信用期限

信用期限是指企业允许中间商从购货到支付账款之间的时间限定。只要中间商在此期限内付款，便认为该中间商没有违约。一般而言，信用期限越长，表示给中间商的条件越优惠，对中间商越具吸引力。但营销总监应该知道，对企业来说，延长信用期限既有扩大销售增加收益的一面，也有增加成本减少收益的一面。

信用期限过短不足以吸引中间商，不利于扩大销售；信用期限过长会引起机会成本、管理成本、坏账成本的增加。所以，营销总监在进行信用期限优化时应关注，延长信用期限增加的销售利润是否能超过增加的成本费用。

（2）现金折扣

延长信用期限会增加应收账款的占用额及收账期，从而增加机会成本、管理成本和坏账成本。企业为了既能扩大销售，又能及早收回款项，往往在给中间商以信用期限的同时推出现金折扣条款。现金折扣是企业为及时收回账款、鼓励中间商及早偿还账款而协议许诺给予的一定的折扣优待，包括折扣期限和现金折扣率两个要素。

3．确定渠道信用额度

信用额度指给予中间商赊销的最大额度，信用额度也是信用政策的一个组成部分。营销总监在决定给某中间商提供信用后，还应该规定一个中间商可以赊欠的最大限度。这个信用额度实际代表企业愿意接受中间商赊销的最高风险。

由于信用风险可以变化，现在能够接受的风险将来可能成为企业不能接受的风险。因此，营销总监对给予中间商的信用额度必须经常检查，定期重新评估，以做必要的变动。中间商资信变更如表 8-4 所示。

表 8-4　中间商资信变更表

客户名称		负责人	
地　　址		电　　话	
年度交易额			
信用等级变更原因			
信用度变动主要内容（资产、交易量等）			
以后发展对策			
业务部门审批			
备注			

8.1.3　中间商信用风险控制

在渠道运行中，营销总监要想有效地实施对中间商的信用风险控制，必须根据渠道信用政策，制定一套全面的风险控制方案和措施。有效的风险控制措施能够最大限度地减少中间商给企业带来的损失。

1．控制发货

营销总监应始终监控运输单据的制作与货物的发运过程，在下列两种情况下应命令有关人员停止发货。

（1）付款迟缓

当中间商拖延付款时，营销总监可责令信用部门，通过信函、电话等方式提示中间商。如中间商仍拖欠不还，一旦超过规定的贸易暂停期限，就应停止发货，各企业对于贸易暂停期限应有明确规定，一般来讲信用期越长，贸易暂停期限越短。

（2）交易金额突破信用限额

信用限额应依据中间商的财务状况和信用等级综合做出评定，交易金额超过信用限额会给企业自身带来坏账风险，尤其在由于中间商延期支付而被突破的情况下，控制发货措施就显得尤为重要。

2．监督和检查客户群

监督是对正在进行交易的中间商进行适时的监控，密切注意其一切行动，尤其是付款行为。对于高风险的中间商或重要的中间商，营销总监还要予以多方面的监督。

检查是指不断检查与更新中间商原有的信用信息。

3．信用额度审核

营销总监应对授予信用额度的中间商适时定期审核，一般一年审核一次，对正在进行交易的中间商和重要中间商的信用额度最好半年审核一次。每一次审核都要严格按程序进行，信息收集工作尽量做到全面、及时、可靠。审核结果要及时通报给业务人员。

4．贸易暂停

当发现中间商有不良征兆时，营销总监首先考虑的措施就是贸易暂停，停止发货或者收回刚发出的货物，只有这样才能避免损失的进一步发生。

5．置留所有权

置留所有权即企业在商品售出后保留它的所有权，直到中间商偿付账款为止。理论上讲，这是一项无任何额外成本又能有效避免风险的措施，但在实际应用中，并不能完全规避信用风险，因为商品的所有权虽掌握在企业手里，但鉴于企业未实际占有或使用货物，并不能进行有效控制。

6．坚持额外担保

如果中间商处于危机中但仍有回旋余地时，中间商可能会要求继续交易以维持运转，此时营销总监便应坚持额外担保。最低限度的担保是开立商业票据，一旦不能兑现时便可立即停止交易。最高程度的担保就是预付账款。

案例讨论　忽视客户资信调查带来的恶果

2010 年 2 月，北京一家有进出口产品代理资质的企业为拓展业务，和香港某企业签订进出口 3 000 吨化工原料的合同，总金额为 250 万美元。港商称自己在内地有十几家工厂，原料可自行消化，不用北京企业销售。北京的企业可得到 2%

的进口代理手续费。但付款条件为 90 天远期信用证，且贷款须在议付期前 15 天汇到北京。

待港商的 25%预付款到位后，北京企业向银行申请开出远期信用证。北京企业去港口办理了报关验货等必备手续后，将货物运到港商指定工厂。此时离议付期还有 15 天，北京企业催促港商汇款，但港商却找出种种理由不付款。

北京企业此时才意识到上当受骗。因信用证到期，北京企业只得垫付资金议付信用证。北京企业急忙与港商接洽，签署还款协议，但也只追回小部分账款。后来经查证，这位所谓的港商只不过在香港租了一个写字楼，雇用一个值班人员接电话而已，在大陆的所谓工厂也是子虚乌有的。

案例提示

在上述案例中，可以看出企业在做生意前对客户的资信进行调查的重要性，无须花费高额成本，便可控制信用风险，也不会遭受如此大的经济损失。

讨论题目

1. 除了企业自行调查外，还可以通过哪些途径获得客户的资信情况？
2. 客户资信调查内容包括哪些？

❓ 思考

1. 请你根据本节内容对企业客户资信等级状况进行评定。

2. 你知道通过哪些措施能够最大限度地减少中间商可能给企业带来的损失吗？

8.2 ● 应收账款管理与收账策略

✎ 本节要点

1. 应收账款的日常管理方法

2．应收账款的跟踪管理

3．造成逾期账款的 7 种情况及其收账策略

8.2.1　应收账款的日常管理方法

企业制定了适合自身的信用政策和应收账款政策以后，营销总监还要加强由赊销产生的应收账款的日常管理。

1．明确有关责任

渠道是由业务员开拓的，有效的应收账款管理，最终要落到业务员身上。用一句话来概括，就是谁发出的货谁负责收回账款。然而，在现实中，业务员通常较重视销售绩效，片面追求销售额，造成了盲目赊销，对账款缺乏理性管理，造成了不必要的损失。要知道，销售机会的丧失只不过是潜在利益未能获得。但是一旦发生坏账，就连生产制造产品的成本与分摊的营销费用也一并损失掉了。所以营销总监应督促业务员对其业务状况随时进行分析、总结、管理，减少坏账发生的可能性。如表 8-5 所示。

工具　中间商销售收款状况分析表

表 8-5　中间商销售收款状况分析表

客户名称：

月　份	销售额	回款情况		欠款情况		信用评价	备　注
		回款额	回款率	本月欠款	累计欠款		
1							
2							
3							
4							
5							
6							
7							

续表

月 份	销售额	回款情况		欠款情况		信用评价	备 注
		回 款 额	回 款 率	本月欠款	累计欠款		
8							
9							
10							
11							
12							

现代信息技术的发展，使得业务员随时可与企业各部门取得联系，获得各种信息。营销总监可以借助互联网，让业务员随时查询其销售货物产生的应收账款回款情况、账龄分析、客户交易回款历史记录、信用等级、信用额度使用状况、销售目标完成情况甚至是业绩评比表等信息。让业务员对自己的业务及相关客户的状况随时了解，对有可能发生坏账的环节，及时采取相应的措施进行处理，这样才能大大减少坏账发生。除此之外，营销总监可在企业内部网络设置邮件系统，使业务员随时获取企业关于业务员的各项最新规定、政策（如业务员奖惩条例、客户信用额度最新变化）、事务安排及对业务状况的评价和建议，以便使业务员明确相关信息，更好地进行业务操作。借助先进的科学技术，有助于强化业务员对应收账款的责任感，从根本上加强对应收账款的控制，减小坏账的产生概率。

2. 加强应收账款的内部协作管理

在传统的企业内部，信息传递结构是金字塔形的。例如，上级对下级下达命令，下级将信息反馈给上级，同级之间的信息沟通由于金字塔形的企业组织结构产生了信息传递缓慢、信息更新周期长等弊病，造成内部推诿、互不通气等现象。

针对这种情况，营销总监在制定信用额度、赊销数量时，应和财务人员、一线的业务人员进行充分的讨论和协商。对一些前款未清、业务人员连续发货的行为，要及时找到解决之道。财务部门每隔一段时间，要把各单位欠款时间和余额明细表等分析数据送到营销总监手中，使其随时了解有关欠款情况，以便安排清欠工作，有效降低因账款时间过长可能形成的坏账风险。企业内部还可以利用网络来交流思想、开展讨论、协同工作，从而促进企业内部的沟通与交流，提高企业的管理水平与技术水平，基本上杜绝由于内部沟通不畅造成的应收账款内部监管不力的现象。

> 早上，A 企业的应收账款负责人来到自己的办公室中，刚打开电脑进入内部网络，两份报告就在自己的登录界面上跳出。一份是昨天已到期而仍未回款的交易汇总；另一份是业务员发来的邮件，说 M 企业近来回款情况比较及时，但其信用额度已满，不能继续赊销，不知可否给它们加大信用额度。对于第一份报告，也许企业已经发来了汇票、支票，只是仍在途中，于是该负责人做出批示：两天后发出 E-mail，询问这些交易的账款是否已经发出。对于第二份报告，似乎超出了其职权范围，他在线取得了 M 企业近 3 个月的交易、回款状况汇总表后，好像确实表现不错。于是他将相关资料附在该邮件后，将汇总表转发财务部信用监控部门，让他们召开一次小型的讨论会后再决定。

这个案例体现了企业内部网对加强应收账款管理，促进企业内部的沟通与交流的作用。

3．尽可能地集中核算

一家企业的门市或销售点往往是分散的，甚至是自立门户独立核算的，这对于应收账款的集中控制十分不利。要改变这种情况，营销总监需要采取措施将各个销售点应收账款的发生情况及时送到企业数据库中，尽量避免分别核算。

> 美国某电器企业的业务员欲向一家销售部赊销一批商用空调器。在向总部报告请示时却被告知，该销售部已向企业的另一个部门赊购了一批电控饮水机，并且已经超过了企业业务部门制定的该销售部的信用额度，所以不予批准。

这就是应收账款集中核算的一个例子，企业在应收账款管理中往往制定了一些具体政策、信用期限标准等，对应收账款进行管理。而各部门业务发生的情况要在一定时期后才开始汇总，这样不但不利于应收账款的控制，还会让客户在与企业对账时要奔走几个部门才能拿到正确的数据。营销总监在查阅客户往来款数据时也要查阅几个部门的记录。

因此，通过集中核算可以降低企业的总体运营成本，提高效率。

4. 了解客户的结算习惯

如果营销总监没有抓住中间商的结算规律和各种周期，企业的应收账款回笼计划就会十分被动，因为中间商的结算周期往往与你的预期相冲突。

这些问题可以有以下解决策略。

① 营销总监应尽可能全面地了解经销客户的经营状况、进货周期、结账周期。关键是要争取比其他企业领先一步拿到应收的账款。因为大多数客户的资金周转都会有一定困难，如果别的企业挤进头班车，你就只能等下一班车了。

② 营销总监要以诚待人。不要为了讨债而去收款，而是协助客户一起去经营好其账款，这才是降低企业呆账坏账的根本所在。

③ 营销总监要信守诺言，养成"说到做到"的好习惯。在与客户进行日常交往中，就先做出表率："我绝不食言，你也应说话算数。"虽然开始时，动机不一定完全是为了账款，但当真正涉及收款时，这就可以对客户形成一种无形的压力。

④ 营销总监平时要多关心客户，和它们经常保持联系。例如，在每次账款周期到来之前，象征性地帮助中间商去回收几笔应收款，这样会对你的收款工作产生积极的作用。

⑤ 营销总监要适当地与中间商的财务人员搞好关系。虽然他们并不直接对产品销量做出贡献，但如果能够像关注中间商的业务经理那样，经常关注他们的财务主管，其效果往往会在关键时刻显现出来。

5. 随时关注客户的信用变化

① 分析能反映客户信用状况的所有资料，包括近期财务报告、银行信用等级、销售资料、付款历史等。

②　对已发生的应收账款实施监控，营销总监应设置信用审核员对每张订单进行审核，看其欠款期限、支付方式等是否符合规定。

财务人员要准确记录每一笔业务账款，采用账龄分析表来分析账款情况，并报告给营销总监。应收账款账龄分析见表 8-6。

表 8-6　中间商应收账款账龄分析

中间商 名称	应收账款 金额	信用期内	超过信用期				比　例
			1～30 天	31～60 天	61～90 天	91 天以上	

8.2.2　应收账款的跟踪管理

应收账款跟踪管理（Receivable Portfolio Management，RPM）是现代企业渠道危机管理的一项重要内容。其含义是：采用应收账款方式结算时，企业对应收账款的整个回收过程实施严格的跟踪管理，从而最大限度地降低逾期账款的发生率。

1．RPM 的内容

①　货物一经发出，企业就将应收账款列入企业应收账款管理档案，进行监控。

②　企业要按时与中间商取得直接联系，询问和沟通货物接收情况、票据情况、付款准备情况并提醒和督促中间商及时付款。

③　企业要在出现逾期账款的早期及时进行追讨。

④ 在一定期限之内，如中间商仍未付款，企业则进一步采取追账行动。

2. RPM 的优势

① 有利于与中间商及时沟通，减少产生纠纷的可能性，从而为中间商按时付款扫清障碍。

② 给惯于拖欠的中间商施加压力，从而大大提高回款的可能性。

③ 使中间商感到企业管理的严格，因为中间商通常会先支付管理严格的债权人。

④ 能够及时发现信誉不良和恶意拖欠的中间商。与中间商保持联系可及时发现这些问题以及中间商经营困难、法律纠纷、资产转移等其他现象，以便及时采取措施。

⑤ 对中间商进行应收账款的跟踪管理，可以及时收回账款，减小呆账、坏账的发生率，从而节省处理逾期应收账款的费用，提高企业效益。

3. RPM 的实施程序

RPM 的实施分以下 6 个步骤进行。

步骤 1：建立应收账款档案，并在发货后 5 日内，以电话或传真方式主动与中间商联系，通知中间商发货情况。此次联系主要应显示良好的服务态度，并注意观察中间商是否有异常反应。

步骤 2：估计到货日期，再次与中间商联系，询问中间商是否收到货物，货物件数与发货单是否一致，包装是否有损坏，接货是否顺利，等等，注意中间商的态度，并记录到货日期。

步骤 3：货到一周后，业务人员以电话、传真或信函方式再与中间商取得联系，询问中间商的货物查收详细情况，了解是否有意外事故发生，中间商对货物质量是否有异议等。如果出现异常情况，应及时备案并汇报，同时通知有关部门。

步骤 4：在账款到期前一周，业务人员要再次与中间商联系，可视中间商情况，选择录音电话、传真、电报、快件甚至登门拜访等多种形式。了解中间商对交易是否满意，并提醒中间商账款的到期日，同时暗示中间商按期付款的必要性。

步骤 5：在账款到期后 5 天内，与中间商直接联系，对已按期付款的中间商给予感谢，以进一步加强与中间商的良好关系。

步骤 6：若逾期一个月仍未收到账款，做专案处理。

请谨记，RPM 实施的时间如图 8-1 所示。

| 发货后 5 日内 | → | 估计到货时间 | → | 货到一周后 | → | 货款到期前一周 | → | 货款到期后 5 日内 | → | 逾期一月专案处理 |

图 8-1 RPM 实施时间

8.2.3 造成逾期账款的 7 种情况及其收账策略

要想有效地清收逾期账款，营销总监就要具体问题具体分析，审时度势、对症下药。否则，可能事倍功半，两败俱伤。下面就造成逾期账款常见的 7 种情况及其收账策略进行简单探讨。

1．催款不力

这种逾期账款主要是由于销售人员对回收账款认识不够或货物分出后不主动回款，而对方又不主动付款造成的。这种拖欠一般只要去电、去函或去人催要，很快就可回笼入账。

2．合同纠纷

常见的合同纠纷主要有下面 3 种情况。

① 由于销售人员在业务洽谈或在签约时疏忽大意，造成合同有关条款在执行中产生争议，进而影响了账款的回收。对此，营销总监应责令销售人员，主动找中间商协商，本着实事求是的原则来纠正原来的疏忽，一般会得到中间商的谅解而追回账款。

② 由于购销某一方违反合同规定导致合同纠纷从而影响账款回收，对这种情况营销总监应具体问题具体分析。假如是本企业在执行销售合同中违反规定，应主动向中间商赔礼道歉，征得中间商的谅解，并按合同有关违约条款承担一定责任；如果因此给用户造成了损失应给予赔偿，并最终追回账款。

③ 由于中间商违反合同而导致的纠纷，营销总监应主动与其交涉，尽量通过协商的方式解决。若双方协商不成，可以按合同规定的纠纷处理办法进行公证或法律调解，最后追回账款。

3. 货物积压

这种逾期账款是由于中间商经营决策失误、过量进货造成的。对这种情况，营销总监可以通过把多余货物调剂给别的中间商或帮助中间商加强销售等办法解决，以达到尽快收回逾期账款的目的。

4. 中间商经营不佳

对这种逾期账款，若的确暂时无力偿还，营销总监可采取分批催讨、拿回多少算多少的办法来催缴。若能设法帮助中间商搞活经营，不仅可以追回账款，而且会让中间商十分感激，从而建立更稳定的合作伙伴关系。

5. 中间商资金周转不佳

这类拖欠客户是由于资金周转不灵、运作不佳而导致一时难以支付账款。对于这类中间商，营销总监要区别对待。如果对方确因资金暂时困难而又有还款诚意，那么本着长期合作的原则，应该体谅其难处，允许其暂时延期付款。但双方应达成协议，一旦对方资金略有宽裕，应该主动偿还账款；如果对方资金周转不佳是人为造成的资金紧张，这种情况营销总监应该采取一些公关措施早日追回账款。

6. 故意拖欠

有些中间商不讲商业信誉，故意逾期付款。对于这类用户，营销总监必须态度、手段强硬，要一针见血地指出对方的恶意拖欠行为，使对方不得不偿还账款。若对方故意有钱不还，营销总监也不妨来个"软磨硬泡"，以其人之道，还治其人之身，这招往往很见成效。对一点信用都不讲的中间商，可以通过法律方式追索。

7. 中间商遇到意想不到的事故

这类逾期账款的产生是由于遇到意想不到的事故使中间商遭受重大经济损失或其他影响，致使无法偿还账款，对此营销总监应慎重对待。首先应对客户出现的意外事故表示同情和慰问，然后根据对方现状的好坏决定是暂缓催要，还是部分追回，还是保留追索权等。对确实无法追回的，可做坏账处理。

案例讨论　这笔应收账款如何追讨

2007 年 9 月，童先生被 N 企业派到 A 地区负责彩电业务工作。刚上任即发现该地区有一家家电城居然有 10 万元的应收款。

原来，该家电城 4 月份给企业出了一张票面金额为 12 万元的银行承兑汇票，但汇票到银行后发现盖的章有问题被退了回来。而此时货已发到该家电城，当业务员通知它重新换票时，家电城只是返还 2 万多元现金后便不再理睬。

童先生马上意识到问题很严重。于是，童先生第二天拜访其他几家经销商时，特地向它们打听了该家电城的信誉情况。童先生了解到该家电城在当地家电业排到前三名，但老板人品较差，以前多次与厂方产生财务上的纠纷。

在做完初步了解之后，童先生来到该家电城，发现店面果然很大，里面不但有各品牌彩电的专柜，也有 N 企业彩电的专柜。但老板的态度却不冷不热，当童先生提到彩电销售效果时，他轻描淡写地说 N 企业彩电销售很差，下一步准备主推其他品牌，并且不想再同 N 企业直接合作，而是准备到省城的一家家电批发市场提货。言谈之中对销售 N 企业产品的厌倦之情溢于言表。

……

案例提示

我们经常看到有些文章讲述如何规避放账风险，但在销售实际中，"生米"早已被一些越轨的业务员"煮成了熟饭"，这时候该如何是好？我们对这个问题也不应忽视。

讨论题目

1. 你认为童先生怎样操作，才能追回这笔应收款?
2. 结合本节内容，谈谈你的应收账款清收心得。

? 思考

1. 你认为你所在企业的收款标准和收款条件是否合理，有哪些需要改进的? 应该怎么改?

2. 请你谈谈如何消除销售人员多拿回扣的隐患?

本章小结

本章主要介绍渠道管理中的客户资信管理和应收账款管理与收账策略。

客户资信管理讲述了中间商资信调查分析、中间商资信等级评定及中间商信用风险控制等方法。

应收账款管理与收账策略中，讲述了应收账款的日常管理方法、应收账款的跟踪管理及逾期账款的清收策略。

该章内容关系到企业的财务状况，所以必须慎重对待。

第 9 章

渠道绩效这样评

　　渠道管理是一个动态的过程，它不仅包括确定渠道模式、选择渠道成员、打通渠道流通脉络、管理渠道成员、物流和账款，而且包括在必要的时候对渠道模式或渠道成员进行动态调整。渠道建设不是一项一劳永逸的工作，而是需要根据企业内外部环境的发展和变化持续地改进的。因此，对渠道进行绩效评估是营销总监进行渠道管理的一项重要内容。

　　渠道评估应该从多个方面评估分销渠道，包括评估分销渠道的赢利能力、畅通性、覆盖面，以及渠道中间商、渠道销售人员的绩效评估、考核等多方面内容。通过分销渠道评估，营销总监能够及时了解分销渠道运行的情况，并在此基础上有针对性地对渠道结构和渠道策略进行必要的改进，以便有效地提高分销渠道的效益，保持分销渠道的活力。

9.1 渠道运行状态评估

本节要点

1. 渠道赢利能力评估
2. 渠道畅通性评估
3. 渠道覆盖面评估

建立渠道的目的，是为了通过有关渠道功能的发挥，达到使产品顺利进入目标市场、满足消费者需求、实现销售利润增长的目标。这一目标的实现依赖于渠道的有效运行。营销总监在重视渠道建设的同时，绝不能忽略对渠道运行状态及绩效进行有效的监督与评估，以便及时调整与改进渠道，从而保证企业渠道的竞争力。

9.1.1 渠道赢利能力评估

营销总监需要运用赢利能力来测定不同销售渠道的经济效益，为企业进一步制定决策或调整战略提供信息和依据。

1. 销售渠道成本分析

销售渠道成本直接影响企业利润，它主要包括如表 9-1 所示的内容。

工具　销售渠道成本费用表

表 9-1　销售渠道成本费用表

类　　别	子 类 别	金　　额	备　　注
直接推销费用	销售人员的工资		
	奖金		
	差旅费		

续表

类　　别	子　类　别		金　　额	备　　注
直接推销费用	培训费			
	交际费			
	其他			
促销费用	广告媒体成本			
	产品说明书印刷费用			
	赠奖费用			
	展览会费用			
	促销人员工资			
	其他			
仓储费用	租金			
	维护费			
	折旧			
	保险			
	包装费			
	存货成本			
	其他			
运输费用	自有运输工具	运输工具折旧		
		维护费		
		燃料费		
		牌照税		
		保险费		
		司机工资		
	托运费用（非自有运输工具）			
其他费用	管理人员工资			
	办公费用			
	其他			

表 9-1 成本和企业的生产成本构成了销售渠道成本，直接影响到销售渠道的

经济效益。其中与销售额直接相关的，称为直接费用；与销售额并无直接关系的，称为间接费用。

2. 渠道赢利能力的评估指标

渠道的赢利能力是每个营销总监不容忽视的问题，而且应引起企业高层的高度关注。对分销渠道赢利能力进行评估的指标有很多种。下面我们列出几种常见的评价指标，供营销总监参考。如图 9-1 所示。

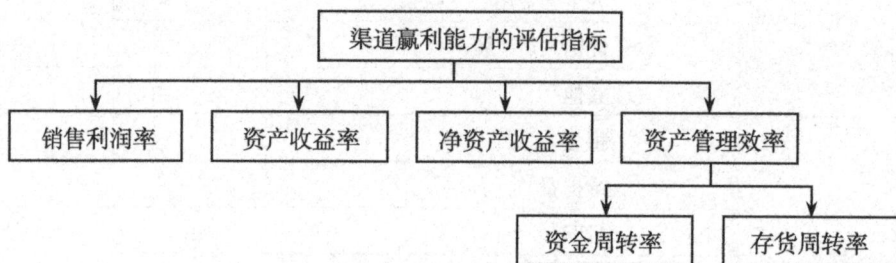

图 9-1　渠道赢利能力评估指标

（1）销售利润率

销售利润率指利润与产品销售额的比率，主要是用来说明分销渠道运营所带来的销售额中包含的利润比例，是一项重要的渠道赢利能力评价指标。其计算公式为：

$$销售利润率 = 税后利润/销售额 × 100\%$$

对于整个分销渠道而言，销售额一般是指最后环节的销售额，即产品的零售额；税后利润则是指各个渠道主体的税后利润之和。即

$$渠道销售利润率 = 各个主体的总税后利润之和/零售总额 × 100\%$$

（2）资产收益率

资产收益率指企业所创造的总利润与企业全部资产的比率。其计算公式是：

$$资产收益率 = 本期利润/资产总额 × 100\%$$

对于利用贷款或负债经营的企业，只有其分销渠道的资产收益率高于平均负

债率时，才能说明其产品分销渠道的运行有效。

（3）净资产收益率

净资产收益率是指企业税后利润与净资产之间的比率。其计算公式如下：

$$净资产收益率=税后利润/净资产额×100\%$$

其中的净资产额是指企业总资产减去各种折旧总额后的余额。

（4）资产管理效率

资产管理效率通常可以通过下列指标来进行评价。

① 资金周转率。该指标反映了分销渠道中现有资金循环周转的次数，是产品销售收入与企业投入分销渠道的资产总额的比值。其计算公式是：

$$资金周转率=产品销售收入/资产占用额×100\%$$

这项指标用于衡量企业在渠道上的全部投资的利用率。资金周转率越高，说明企业的投资效率越高，企业的赢利能力越强。

② 存货周转率。在分销渠道中，存货占用了大量的资金，因此，要提高资金周转率，提高企业赢利能力，就必须提高存货的周转率。该指标是指产品销售成本与产品存货平均余额之比。其计算公式如下：

$$存货周转率=产品销售成本/存货平均余额×100\%$$

这项指标说明某一时期内存货周转的次数，从而考核存货的流动性。存货平均余额一般取年初和年末余额的平均数。一般来说，存货周转率次数高，说明存货水平较低、周转快、资金使用率较高。

资产管理效率与赢利能力密切相关，资产管理效率越高，赢利能力就越高。

9.1.2 渠道畅通性评估

渠道是由一系列的渠道成员组成的，它们分别承担着不同的职能。只有各渠道成员配合协调，整个分销渠道才能持续地正常运转，保持分销渠道中产品传递的畅通性。营销总监对企业渠道进行畅通性评估时，可以从以下几方面进行。

1．渠道功能主体的到位情况

在分销渠道中，各种分销渠道功能都必须由一定的分销渠道成员来承担，分销范围大，分销功能多，需要的分销渠道成员就多。在分销渠道中的各个环节上，营销总监一定要明确并落实需要多少个渠道成员和各自的渠道功能分配情况。只有保证分销渠道的每个环节和每项渠道功能都有明确的分销渠道成员来承担，才有可能保证整个分销渠道的连续性和畅通性。

2．渠道功能配置情况

在分销渠道中，承担任何一种分销渠道功能都需要具有专用的资源和特定的资质。例如，生产企业应具备特定产品的生产能力、生产技术和生产条件，零售商需要有一定的零售场所和稳定的客户群。营销总监在为渠道功能配置相应的渠道成员时，要对有关的分销渠道成员的资格和能力进行审查。如果配置上不具备相应资格和能力的渠道成员，肯定会影响整个分销渠道的畅通性。

3．渠道的衔接情况

分销渠道的整个过程是一环扣一环的，在分销渠道的前后环节之间，如果衔接不当或衔接不上，整个分销渠道的畅通性就会受到影响甚至造成运营中断。例如，商品在批发商手上出现积压，或者商品在某个中间仓库长久停留不能进入零售环节。这种渠道脱节通常是由渠道前后环节的成员之间存在目标差异、利益冲突，缺乏协作精神等造成的。如果分销渠道是纵向一体化的，不同渠道成员具有统一的产权关系，那么，在分销渠道运作中，彼此之间的衔接配合问题就很容易解决。在大多数情况下，维系分销渠道中各个成员的渠道联结力主要靠成员之间的共同利益和相互信任。一旦渠道中的共同利益和相互信任发生变化，渠道的衔接关系就可能出现危机。所以，营销总监应尽力维系渠道成员之间的相互信任关系。

4．渠道的合作情况

渠道成员长期的稳定合作关系有利于渠道保持畅通。渠道系统能否长期稳定地运作，取决于有关成员之间是否联系密切，是否有长期合同。例如，契约型垂直整合渠道经常会面临一旦合同到期，而又没有再续签新的合同，双方的合作关系就会到此为止的情况。相比而言，产权一体化的分销渠道具有较强的稳定性，其渠道畅通性也较有保障。

总之，营销总监要想保证渠道的畅通性，就要保证商品所有权转移、商品实体流动、货款交接、信息交流等的畅通无阻。

9.1.3　渠道覆盖面评估

企业销售渠道覆盖的市场范围越大，能够购买到该商品的消费者数量就越多。当营销总监需要评估分销渠道的覆盖面时，可以从以下几个方面进行评估。

1．渠道成员的数量

渠道成员的数量，在一定程度上反映了该渠道的市场覆盖面。例如，在二级分销渠道中，由于生产企业与消费者之间至少存在一个批发商和一批零售商，批发商往往向多个地区商圈不重复的零售商批发商品，因此，该分销渠道的市场覆盖面就是这些零售商的商圈所构成的市场区域。当分销渠道的宽度较宽时，商品分销的地区范围就会很大。在三阶或更高阶次的分销渠道中，由于地区差别较大的多层批发商的存在，可导致分销渠道带来的市场覆盖面更大。

2．渠道成员的分布位置

随着市场环境的变化，商品分销渠道变得日渐扁平化。渠道扁平化就意味着商品分销渠道的纵向环节数、级次数越来越少，处于同一环节的中间商数量越来越多。因此，同一渠道层次上中间商的地理位置分布情况在渠道的覆盖面方面，影响非常大。营销总监应让中间商适当地拉开彼此的空间距离，不要让商圈或销售区域过于交叉和重叠，避免发生激烈的渠道冲突，应尽量扩大渠道的有效覆盖面。

3. 渠道终端的商圈范围

渠道终端的商圈范围是指以零售商的铺面为中心，周围可方便光顾该零售店铺的潜在消费者的分布范围。例如，对于一个日用百货商店来说，方便光顾的潜在消费者一般是居住在周围 500 米半径范围内的居民。那么以该日用百货商店为中心、以 500 米为半径所划定的圆形区域，就是该日用百货商店的商圈。在现实条件中，销售同一品牌商品的渠道终端数量很多，所以营销总监在计算分销渠道的市场覆盖面时，应把交叉重叠的区域扣除后再进行计算。

一家微型冰箱企业的负责人麦克在开始其业务时，决定通过独立的大电器分销商销售他的产品。他从 20 家独立的分销商中组织了 200 名销售代表来执行他的新产品计划，麦克计算出企业用这种方法可覆盖全国 3/4 的地区，所以，他坐下来等待销售额出来。但 4 个月过去了，4 000 台微型冰箱还在大众化市场分销商手中等待推销。该微型冰箱是为大学宿舍和军营设计的，但麦克的分销商与大学校园和军营却基本上是零接触。这些分销商把电器塞进大众化市场，但对如何做却毫无主意。在这样的情况下，麦克不得不寻找全新的分销渠道。他任命 4 个全职的销售代表到大学和军营做深度访问，这些潜在消费者很快就被微型冰箱的优点所吸引。在 2011 年，该企业售出 11 000 台微型冰箱，其收益达到 370 万美元。

可见，渠道终端的商圈范围一定要与所分销的商品相匹配，这样才可能使分销渠道的覆盖面真实有效。

4. 渠道成员的市场渗透率

渠道成员的市场渗透率就是渠道成员销售产品的深度，各个渠道成员的回头消费者有多少，是否已经把该商圈内的消费者都影响到了。营销总监只有把渠道做深，回头消费者和潜在消费者才会越多，企业才会在无形的口头宣传中扩大渠道的覆盖面。

案例讨论　沃尔玛与宝洁的渠道合作

沃尔玛与宝洁的渠道合作关系开始于 1985 年，这种伙伴关系是建立在相互信任和共同认识的基础上的，这种认识就是在通过改变系统排斥高成本的同时，渠道保持畅通性。沃尔玛和宝洁的合作提高了宝洁在货物周转费率方面的效率，也使沃尔玛的即时运输所占百分比有所提高。这种合作建立在电子数据交换、供应商管理补交系统、空白购销协议等基础上。通过制成订单准备任务，沃尔玛减少了其约定成本；宝洁通过在沃尔玛总部设置职员来突出其与沃尔玛的渠道合作地位。

案例提示

沃尔玛与宝洁的渠道合作很好地保证了分销渠道的畅通性，使两家企业实现了共赢局面。

讨论题目

1. 沃尔玛与宝洁的渠道合作给了你什么样的启发？
2. 结合本节内容，谈谈营销总监应该如何保持渠道的畅通？

？ 思考

1. 请你从销售利润率、资产收益率、净资产收益率、资金周转率、存货周转率几个方面对你所在企业渠道的赢利能力进行评估。
2. 请你从渠道成员的数量、渠道成员的分布位置、渠道终端的商圈范围和渠道成员的市场渗透率这几个方面对你所在企业渠道的覆盖面进行评估。

9.2 渠道中间商绩效评估与考核

✎ **本节要点**

1. 中间商绩效评估指标
2. 中间商绩效考核方法

在渠道中，中间商的经营状况直接影响商品的分销效果，甚至决定生产企业分销策略的成败。福特的两个经典的营销案例，即埃德塞尔汽车营销的失败与野马汽车营销的成功，就说明了这一点。

福特两个品牌的汽车之所以有如此不同的表现，其主要原因之一就是两者分销渠道的绩效和效率各不相同。

在针对埃德塞尔汽车的营销中，福特为其单独设立了分部和经销网点，其目的主要是为了有效地控制分销渠道，提高分销渠道的促销效率，但这种决策忽略了成本的增加。

在野马汽车的分销上，福特坚持利用常规的经销商渠道推销野马汽车，这样可避免因新设分部而增加大量成本，使企业盈亏平衡点保持在适中水平。不仅如此，野马汽车带来客流量的增加，也促进了福特其他型号汽车潜在购买者的增加。新型产品所引起的正常经营费用，可由旧有型号产品分摊，经销商所建立的信誉，是在适当的融资服务、销售服务及充足的服务中心工作人员的基础上建立起来的。一旦某种产品拥有巨大的需求，基本不必担心对推销人员缺少充分的激励。因为推销人员一看到野马汽车的销售潜力，就受到莫大的鼓舞，进而对其他产品的销售也会充满激情。

由福特的案例可见，中间商的绩效将直接影响到一个产品销售的成败。因此营销总监需要及时了解中间商的绩效。

9.2.1　中间商绩效评估指标

评估中间商是为了确定中间商的绩效是否达到原先设定的目标，是否需要培训，甚至更换。营销总监对中间商的绩效评估指标如图 9-2 所示。

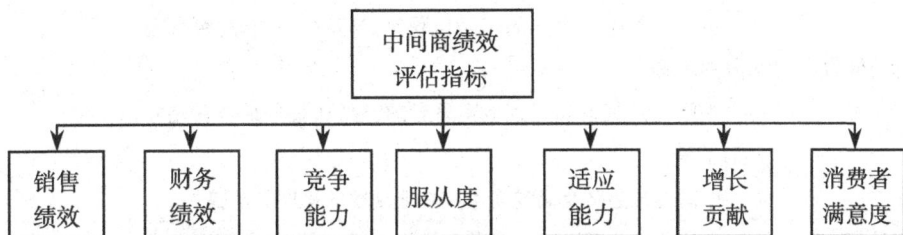

图 9-2　中间商绩效评估指标

从图 9-2 可看出，营销总监对于中间商的绩效评估主要包括销售绩效评估、财务绩效评估、竞争能力评估、服从度评估、适应能力评估、增长贡献评估和消费者满意度评估。评估以上指标具有一定的判断标准，具体的判定标准见表 9-2 中间商评估表。

工具　中间商评估表

表 9-2　中间商评估表

指　　标	判断标准	评估结果
销售绩效	上一年度的销售量	
	上一年度的销售额	
	上一年度的市场占有率	
	为生产企业争取的市场渗透率（与竞争对手相比，状况如何）	
	从生产企业处获得的收益（与同一地区其他竞争性中间商相比，状况如何）	
财务绩效	中间商从生产企业获取的业务总量	
	为中间商服务花费的成本	
	中间商的持续要求是否增加了生产企业利润	

续表

指　　标	判断标准	评估结果
财务绩效	生产企业支持中间商投入的时间、精力、人力是否导致企业利润下降	
竞争能力	中间商是否具有经营生产企业产品所必须的经营才干	
	中间商对生产企业的产品与服务的特性与品质是否有充分的了解	
	中间商及其下属对其他竞争者的产品和服务是否有充分的了解	
服从度	中间商的运作是否符合生产企业规定的程序、步骤	
	在设法使中间商参与其各项计划方面，是否经常遭遇困难	
	中间商是否经常违反与生产企业签订的合同中的规定	
适应能力	中间商是否能把握其范围内的发展趋势，并调整自己的销售行为	
	中间商是否在销售生产企业的产品和服务时具有很强的创新能力	
	中间商是否努力参与其范围内的各种竞争活动	
增长贡献	中间商是否已经成为或将成为生产企业的主要收入来源	
	中间商是否能为生产企业提供比其竞争性中间商更多的收益	
	中间商的业务是否一直平稳增长	
消费者满意度	生产企业是否经常收到消费者对该中间商的投诉	
	中间商是否经常尽各种努力来提高消费者满意度	
	中间商是否能向消费者提供良好的支持	

综合评价：

9.2.2　中间商绩效考核方法

对中间商的评估需要与考核相对应，考核结果将作为中间商评级、奖励、支持与服务、合约续签与否的标准。中间商考核应当定期进行，营销总监需要公开考核办法并向相应中间商公布考核结果，要求中间商提出整改办法，工作改进计

划等。

1．定量考核

定量指标能够最有效地考核中间商的业绩，因为这一类标准有具体的数据代表最终结果，每一个定量指标都必须有一个符合实际情况的目标值。

（1）销售额增长率

原则上说，经销商的销售额每月或每季度都有较大幅度增长才是优秀的经销商。如果年度销售额在增长，但各月份销售额有较大的波动，这种销售状况营销总监也须注意。对销售额的增长情况必须做具体分析，营销总监也应结合市场整体增长状况、企业商品的平均增长等情况来分析、比较。比如，某家经销商的进货额在增长，但通过调查其产品市场占有率不长反降，那么可以断言，这家经销商的内部管理一定出现了问题。

（2）销售额比率

销售额比率是考核本企业商品的销售额占经销商销售总额的比率。如果本企业的销售额在增长，但是本企业商品销售额占经销商的销售额的比率却很低，营销总监就应该加强对该经销商的管理。

（3）费用比率

如果经销商的销售额虽然增长很快，但费用的增长却超过销售额的增长，这种状况营销总监也应该反思。

打折扣便大量进货，不打折扣即使库存不多也不进货，并且向折扣率高的竞争企业进货，这样的关系不是良好的交易关系，营销总监必须加以整顿和改善。

（4）铺货率

铺货率的指标一般都是在产品投入市场第一年更为适用。铺货率太低不利于销售，但也不是越多越好，营销总监要视产品特征和企业的市场战略而定。现在，许多营销总监还在弹性规定占有率，要么是绝对量的考核，比如，某经销商在自己的辖区内某产品市场占有率必须达到多少；要么是相对位次的考核，比如，经销商被要求在自己的辖区内某产品市场占有率必须排名第几，这是不科学的。

（5）货款回收

货款回收是渠道管理的重要一环。营销总监应该清楚，如果经销商的销售额虽然很高，但货款很难回收或长期大量地拖延货款，这会使产生的问题更大。

（6）商品库存

有时中间商进货量很大，但货物只是从生产企业的仓库移到中间商的仓库里，还可能由于超过中间商的销售能力或产品过期而被退给生产企业，这一点营销总监要注意。但如果中间商经常产生缺货情况，则表示经销商对本企业的商品并不十分在意。

（7）退货率

一般来说为了支持经销商发展，生产企业可能会允许一定程度的退货。但对营销总监来说，退货当然越少越好，计算退货数量时，不应包括生产企业本身不合格的产品、发货途中破损和经销商自己损坏的产品。

综合以上定量指标，营销总监可制定出中间商管理定量考核表，见表 9-3。

表 9-3　中间商管理定量考核表

考核因素	考核结果	权　　重
销售额增长率		
销售额比率		
费用比率		
铺货率		
货款回收		
商品库存		
退货率		

营销总监要根据自己企业的特点，对以上项目重要程度所占比例打分。以总分 100 分计算，85 分以上为优秀，70～85 分为合格，70 分是警戒线。营销总监必须对得分低的项目进行分析、查找原因，并尽快沟通解决。

2．定性考核

定性指标主要代表经销商的主要工作活动，可以对定量指标起到论证的作用，此考核对生产企业赊销的产品用得更多。定性指标以管理经销商的本企业销售人员的调查访问和其所见为主要根据，也有以经销商的报表而定的。定性指标对于营销总监来说，只能起参考作用。

（1）销售品种

营销总监应了解，经销商销售的产品是否全部是自己企业的产品，或者只是一部分而已。如果经销商销售额虽然很高，但是销售的商品只限于畅销商品、容易推销的商品，而对营销总监希望促销的商品、利润较高的商品、新产品，经销商却不愿意或不积极销售，这种状况也应该尽快改变。营销总监应设法让经销商均衡销售企业的各种不同产品。

（2）价格执行

企业都给经销商规定了零售价、批发价、厂价等，经销商应按规定执行生产企业的价格政策。

（3）窜货问题

经销商跨区销售、恶意窜货是企业绝对禁止的。有些企业对窜货处罚极为严格，一经发现，考核结果立刻定为最差，并立即取消其经销资格。当然在具体对待时，也要根据不同情况来定，不能一棒子全打死。有些是良性窜货，有些是恶性窜货，处罚力度就不应该一样。

（4）商品的陈列状况

商品在经销店内的陈列状况直接关系到促销效果。经销商应设法在零售点争取更大的陈列面、更好的陈列位置；产品展示要营造出适合的购买气氛，如 POP 抢眼、堆头规范、商品醒目、品类齐全等；商品陈列应符合消费者的习惯视线，如将产品摆放整齐、清洁等。

（5）促销活动情况

经销商对营销总监所在企业举办的各种促销活动，是否都积极参与并给予充分合作与支持？如果每次的促销活动都参加，而且销售数量也相应增长，那表示该经销商的配合力度还是比较到位的。如果经销商不愿参加或不配合企业举办的各种促销活动，营销总监就要及时分析原因，并注意制定对策。

（6）信息的传递和反馈

信息的传递是指渠道销售人员要将企业的规章制度与阶段促销计划告诉经销商，然后再了解经销商是否确实按照企业的规定实施，或者是否积极地推销自己企业的产品。如果发现经销商未能遵守企业的规定，这就表明经销商的运营体制有问题，所以营销总监必须设法改善经销商的管理。信息的反馈是指经销商应按规定向生产企业汇报各种市场信息，特别是竞争对手的信息，以便生产企业及时采取措施，对市场进行分析和规划。对那些及时、准确反馈信息的经销商，应予以奖励。

（7）对企业的评价

经销商对生产企业的关心程度和对生产企业的评价，也是经销商考核的一个重要方面。经销商对生产企业评价高，意味着其对生产企业的期望值高。

综合以上定性指标，营销总监可制定出中间商管理定性考核表，见表 9-4。

表 9-4　中间商管理定性考核

考核因素	考核结果	权　重
销售品种		
价格执行		
窜货问题		
商品的陈列状况		
促销活动情况		
信息的传递和反馈		
对企业的评价		

同定量考核一样，营销总监也要根据自己企业的特点和需求，对表 9-4 各项的重要程度所占比例打分，评价结果亦如表 9-3 所示。

营销总监经常对经销商市场运行动态评估和考核，并建立规范的评估标准，有利于发现经销商在市场运作过程中存在的问题和困难，以便及时沟通和纠正，防范风险。营销总监可根据所在企业的产品和市场战略，对表 9-3 和表 9-4 所列各项指标在市场开拓中所占的比例进行量化考评，定期评估经销商市场运营情况，以便及时发现其经营中存在的问题，建立良好的厂商合作关系，实现市场的"双赢"。

案例讨论　M 饮品企业对零售商的评估

M 饮品企业对零售商渠道的评估较为细致，以陈列为例，有如下标准。

1. 一般货架陈列

为奖励渠道零售商对 M 企业的铺货支持，M 企业的评价标准设置了如下 5 项内容。

（1）陈列位置评价。以货架为例，如果该企业产品陈列在黄金陈列位置，即第 2 层，则得 8 分；若陈列在第 1 层和第 3 层，则得 6 分；第 4 层，得 4 分；第 5 层，得 2 分；若无货，则得 0 分。

（2）排列面积评价。产品摆放在货架最外面一排的数量，就是产品的排面。产品各口味在货架上同时各有 2 个排面，可得 2 分；4 个排面得 4 分；6 个排面得 6 分；没有排面得 0 分。

（3）排列数量评价。各产品在货架上的摆放数量达到 10 个可得 2 分；20 个可得 4 分；以此类推，若数量不足 10 个，则得 0 分。

（4）相对位置评价。若本产品相对竞争产品的位置最佳，可得 8 分；位置次之，可得 6 分；以此类推。位置最差，则得 0 分。

（5）相对面积评价。若产品排面最大，则得 8 分；排面次之，则得 6 分；以此类推。排面最小，则得 0 分。

2. 特殊陈列

特殊陈列指商场、超市内除正常货架陈列外，另有堆箱陈列、端架陈列或企业特制的陈列架陈列等。若陈列无缺货，可获 20 分；若特殊陈列中无该企业产品，则为 0 分；若陈列有缺货现象，则根据产品对陈列架的占领程度，获得 0~20 分不等的相应分数。

案例提示

零售商是中间商中非常重要的成员，对零售商的科学评估是合理配置企业分销能力、有效地将产品送达消费者手中的决策基础，也是利用激励手段刺激零售商销货的评选准则。许多生产企业一般都将利润作为评估管理中间商的重点，而某饮品企业却独辟蹊径分析评价中间商的销货努力，即从区域内分析比较零售商的表现。

区域内比较评价即将各中间商的绩效与该地区的销售潜量分析所设立的定额相比较。在销售期过后，根据中间商的实际销售额与潜在销售额的比率，将各中间商进行名次排列。这样，企业的调查与激励措施可以集中于那些没有达到既定比率的中间商。

讨论题目

1. 分析 M 饮品企业评估零售商的做法对你有什么启发。

2. 结合本节内容，谈谈假如你是一名日用品企业的营销总监，你将如何设定中间商的评估标准。

？思考

1. 请你结合本节内容，从销售绩效、财务绩效、竞争能力、服从度、适应能力、增长贡献、消费者满意度等几个方面，对你所管辖的中间商予以评估。

2. 实际工作中，你是如何评估中间商绩效的？你认为在评估中要注意哪些问题？

渠道销售人员绩效考核

✎ **本节要点**

1. 销售人员绩效考核指标
2. 销售人员绩效考核方法

为了对销售人员进行有效的管理，营销总监应建立定期考核制度。但由于销售人员的工作流动性、变化性较大，对其工作的考核也比较复杂。因而营销总监首先建立良好、合理的绩效考核指标就显得更为重要。

9.3.1　销售人员绩效考核指标

营销总监可以根据销售人员的职务说明书以及管理目标，来制定销售人员考核的定量与定性指标。

1. 定量指标

定量指标相对较客观，也容易理解和管理应用，具体见表 9-5。

🔧 **工具　销售人员定量考核指标**

表 9-5　销售人员定量考核指标

定量指标	计算公式	考核用途
洽谈率	洽谈率＝洽谈次数÷访问次数×100%	表明销售人员能够与客户洽谈的成功率，洽谈率越高，销售的可能性越大
订货率	订货率＝订货次数÷洽谈次数×100%	反映销售人员工作效率的重要指标

续表

定量指标	计算公式	考核用途
平均销售金额	平均销售金额=订货金额÷订货次数×100%	表明销售人员所推销商品的批量和客户的规模
平均销售费用	平均销售费用=经费总支出÷推销次数×100%	表明销售人员销售活动的代价大小
新客户开拓率	新客户开拓率=新客户订货额÷总订货额×100%	表明销售人员的市场开拓能力
计划完成率	计划完成率=实际推销额（量）÷计划推销额（量）×100%	反映销售人员销售工作业绩的综合指标
个人贡献率	个人贡献率=某销售人员推销额÷全部门总销售额×100%	反映每一个销售人员对企业推销工作贡献的大小
货款回收率	货款回收率=回收额÷推销额×100%	反映销售人员催收货款的能力

2. 定性指标

定性指标指一些行为分析指标。定性指标相对比较主观，如评估销售人员的态度、产品知识、团队精神与合作能力等。定性指标更强调销售人员销售活动的质量，但定性指标是定量指标的补充，也是销售人员业绩评估当中不可或缺的一大类指标。具体考核指标见表 9-6。

表 9-6　销售人员定性考核指标

定性指标	内　　容	要　　点
专业知识	主要评估销售人员对本企业、行业和客户、市场竞争情况的了解和认识，对产品性能和产品应用等知识的掌握程度	专业知识层面可通过问卷的形式进行考核，如分为产品知识、市场知识、客户需求知识、竞争对手知识等进行考查

9.3 渠道销售人员绩效考核

✑ **本节要点**

续表

定性指标	内　　容	要　　点
客户服务和客户关系	主要评估销售人员是否能为客户提供优质的服务，是否能维持和发展与客户的良好关系。例如：是否有客户投诉；销售人员是否能够及时回应客户的抱怨和投诉；是否能够及时处理客户的订单或合同，使合同能够按期执行；销售人员的访问工作与客户维系工作能否有利于建立长久合作的关系	具体可设计如客户维系比例指标、原有客户销售量增长率、客户投诉处理时间指标、客户满意程度指标等
销售人员自我管理考核指标	主要评估销售人员在时间管理、工作效率方面的表现。包括： 1. 销售人员如何有效地运用时间在自己所负责区域内安排差旅，开展销售活动，为客户提供服务 2. 合理安排用于不同客户之间的时间 3. 清楚合理地保存客户的信息档案 4. 做好每日每周每月的工作计划，从而提高工作效率，取得更好的销售业绩	销售经理可以通过销售人员的工作计划、工作总结来获得相关信息。不过，销售人员自我管理不易量化
文件及报告质量考核指标	主要评估销售人员是否能够及时提交客户访问报告、销售日报表、客户订单和销售合同、差旅费用报告及其他与销售业务工作有关的报告	这些文件与报告上交一定要准时，报告本身应该简洁，重要的是能反映有效的信息
个人行为考核指标	主要评估销售人员与本部门同事、其他部门同事的关系，以及在工作中表现出来的团队合作精神等	注意销售人员平时的工作态度、工作作风等个人特点方面的评估

9.3.2　销售人员绩效考核方法

1. 目标考核法

目标考核法是根据渠道销售人员完成工作目标的情况来进行考核的一种绩效考核方法。渠道销售人员的目标考核，是按照企业的年度销售目标，把目标分解到具体产品或区域，然后分解到具体的渠道销售人员身上。在分配目标的同时，必须同时进行资源分配，否则可能导致成本上升、业务下降。设定具体目标时，必须和企业总目标、价值观一致。

2. 等级考评法

等级考评法是渠道销售人员绩效考核中常用的一种方法。根据工作分析，营销总监可将渠道销售人员岗位的工作内容划分为相互独立的几个模块，在每个模块中用明确的语言描述完成该模块工作需要达到的工作标准。同时，将标准分为几个等级选项，如优、良、合格、不合格等。营销总监根据渠道销售人员的实际工作表现，对每个模块的完成情况进行考评，总成绩便为该员工的考核成绩。

考核的等级一般使用很差、较差、一般、良好、优秀，也可以使用分数，如 0~10 分，10 分是最高分。对于不同的项目，根据重要性的不同，需使用不同的分数区间；使用 5 类标准考核，在计算总成绩时也要使用不同的权重。为了提高考核的可靠性，考核的尺度应该尽可能细化。如果"优秀"、"良好"、"一般"、"较差"、"很差"等比较抽象，营销总监主观判断容易产生误差，就可将每个尺度都进行细化，这样情况往往会好得多。

3. 小组考评法

小组考评法是指由两名以上熟悉该员工工作的渠道主管，组成考评小组进行绩效考核的方法。小组考评法的优点是操作简单、省时省力；但缺点是容易使考评标准模糊，主观性强。为了提高小组考评的公正性，在进行小组考评之前，应该将考核的内容、依据和标准向渠道销售人员公布。在考评结束后，要告诉渠道销售人员考评的结果。在使用小组考评法时，最好和渠道销售人员个人考评结合起来。

当小组考评和个人考评结果有较大差距时，为了防止考核偏差，考评小组成员应该首先了解渠道销售人员的具体工作表现和工作业绩，然后再做出考评决定。

4. 序列比较法

序列比较法是对相同职务的渠道销售人员进行考核的一种方法。在考核之前，首先要确定考核的模块，但是不确定要达到的工作标准。然后将相同职务的所有渠道销售人员在同一考核模块中进行比较，根据他们的工作状况排列顺序，工作越好的排名越在前，反之则排名在后。最后，将每位渠道销售人员几个模块的排序数字相加，就是该渠道销售人员的考核结果。总数越小，绩效考核成绩越好。

　　J 企业是一家小型的房地产企业，内部设有甲、乙、丙 3 个业务部门，每个部门各有 3 名员工。企业领导想推行强制分布绩效考核方法，可是他们很快想到，各部门内部无法单独进行排序，因为若企业设计的强制分布比例是 "20%A:70%B:10%C"，这样的话，部门经理就可能利用职责，让员工永远无法评为 C 级，因为 3 个人的 10% 只能是 0.3 人，而实际情况却可能是有的员工业绩确实很差，最应该被评为 C 等级，但由于部门人数太少，而被归为 A 等级或 B 等级，因此，他们想到了一个相对较好的解决途径，就是根据绩效考核的得分，将企业所有部门的人放到一起，进行大排序。

但是序列比较法也存在问题，一是不同部门员工间如何进行横向比较的问题，比如，较差部门中的优秀渠道员工与较好部门中的较差渠道员工，其业绩比较如何才能公平合理。二是部门间进行比较的依据和标准如何科学确定，比如，各部门员工的考核分值缺乏统一的评判标准，往往在很大程度上受各部门经理个人主观因素的影响，难以做到公正客观。

5. 相对比较法

与序列比较法相仿，相对比较法也是对相同职务渠道销售人员进行考核的一种方法。所不同的是，它是对渠道销售人员进行两两比较，任何两位渠道销售人员都要进行一次比较。两名渠道销售人员比较之后，工作较好的渠道销售人员记 "1"，工作较差的渠道销售人员记 "0"。待所有的渠道销售人员都相互比较完毕后，再将每个人的成绩进行相加，总数越大，绩效考核的成绩越好。与序列比较法相比，相对比较法每次比较的渠道销售人员不宜过多，范围以 5～50 名为宜。

案例讨论　P 企业的渠道销售人员考核为什么会流产

　　P 企业是一家生产、销售膨化食品的企业，该企业产品主要是通过零售商进行销售，主要销往市内各百货商场、超级市场，以及其他零售网点。P 企业渠道销售人员每天都要拓展新的销售渠道。

　　由于货款结算规律性较强，加之企业近几个月没有推出新产品，因此企业的姜老板感觉结款情况不理想，业务员的绩效较差。他怀疑员工无所事事，于是便责令营销总监设计出一套绩效考核体系，用于加强对渠道销售人员的管理。

　　营销副总设计出了一套表格，上面载明每天拜访新渠道客户的信息，包括新渠道客户名称、拜访时间、联系人、联系电话等，要求渠道销售人员每日填写。刚开始，渠道销售人员还能认真填写。但后来便产生了抵触情绪，根本没有开拓出经销商、代理商等其他销售渠道，于是就开始在表格上造假。营销总监鞭长莫及不可能到实地核查，而所谓考核最终走了形式，渠道销售人员的工作绩效依旧。

案例提示

　　作为一名营销总监，在进行销售人员绩效考核前，首先，要明确什么是绩效考核与评估，要有正确的出发点，并对其过程有正确的认识，借助科学合理的操作流程来进行；其次，绩效考核和评估需要多方合作，要在人力资源部门、各级经理部门和员工的共同努力下完成，各自明确自己的职责、权限，并认真实施；最后，要建立一个封闭循环的现代管理系统，其中有前馈控制、过程控制和反馈控制。管理思维应由传统向现代看齐，管理人员应注重过程导向和反馈，让员工积极配合绩效考核过程的实施，进而提高绩效，达到绩效考核的最终目的。

讨论题目

1. P 企业的绩效考核为什么会流产？这给了我们什么启示？

2. 在实际工作中，你是如何对渠道销售人员进行绩效考核评估的？

? **思考**

1. 你认为在渠道销售人员绩效考核时要注意哪些问题？
2. 如何通过绩效考核激发渠道销售人员的工作积极性？

本章小结

对于渠道绩效的管理，我们从渠道运行状态评估、渠道中间商绩效评估与考核、渠道销售人员绩效考核3部分展开论述。

渠道运行状态评估主要包括渠道赢利能力评估、渠道畅通性评估、渠道覆盖面评估等几个方面。

渠道中间商绩效评估与考核包括中间商绩效评估指标和中间商绩效考核方法，每一类又各分为许多更细的评估指标和考核方法。

渠道销售人员绩效考核，包括销售人员绩效考核指标和销售人员绩效考核方法两部分。

后　　记

经过数月的努力，影响力商学院专家团队终于在这个炎炎的夏日完成了《影响力思想库管理丛书》的修订、再版。恍然间，该丛书编撰时的风雨和坎坷，首次出版时的喜悦，面世后数以万计的读者反馈以及专家团队两年多时间的资料补充、修订和完善，点点滴滴浮现眼前。正是有了这些点滴，这套丛书修订版才得以最终完成。此时，我与影响力商学院专家团队每个人心里，都充满了感恩与欣喜！

管理是一项动态的工作，管理方法要随着实际情况和人员变动做出调整和更新。它不是死板的、一成不变的、一劳永逸的，而是灵活的、变化多端的、与时俱进的，这就对管理的学习与研究提出了很高的要求。它既需要我们的研究人员走入一线、深入企业，去做详尽的资料搜集、整理和验证，也要求我们通过对管理理论的分析与探究，在理论上和管理实践上进行升华，从而得出可靠、科学的结论，找到实用、有效的工具。因此，要完成这项研究必须付出艰辛的努力。这些年来，正是有了我们专家团队的辛劳和无悔付出，才有了这套丛书更加完美的呈现，在此，我要说一句，谢谢你们，亲爱的伙伴！

《影响力思想库管理丛书》再版过程中，我们结合近年来国内外先进管理思想与优秀管理理论，依据中国市场经济环境，进行了大量的企业走访和调研，凝练出值得借鉴的管理经验与方法，补充增加了大量案例，同时配以实效、好用的管理工具，希望能够为每位身在职场、商界的人士提供一套实用性强、易于接受、看似简单却条目详实的管理操作书籍。

在编写过程中，最大的瓶颈就是书中涉及成千上万的实战案例和管理工具。

当我们处于困境之时，是许多无私的兄弟企业向我们伸出援助之手。感谢你们雪中送炭的情谊，感谢你们为我们提供了调研、实验的机会，这些真实的案例和工具也包含着你们的心血与智慧！

同时，我要感谢那些指导者、引路人。上百位学术专家、企业高管、培训专家一次又一次不辞辛劳地参加影响力商学院组织的各种研讨会、碰头会，毫不保留地贡献自己的实战经验、思想精髓。因为有了你们，才使得这套丛书更加实战、系统、生动！

还要感谢在撰写这套丛书过程中，我们参考、引用的大量文章和新闻报道的作者们，谢谢他们在管理研究上的建树和对这套丛书的贡献！

最要感谢的是影响力商学院专家团队，几年的时间里，是你们以忘我投入的精神和任劳任怨的态度，确保了这项浩大工程的完成。数万份调研问卷、上百次走访，数十次研讨会……这期间你们遇到了多少的困难，面对过多少痛苦，恐怕只有你们自己知道。但是你们从未抱怨，永远都是那么地积极、坚定，除了"谢谢"我已不知再如何表达，我为你们感到骄傲，影响力为你们感到骄傲！

我的老师、朋友、同事、家人们，此刻，所有的情绪在我心中积聚，而所有的言语都显得那么苍白，谢谢你们！

最后，我想对亲爱的读者们说，如果本套丛书对您有所启迪，我们将感到无比欣慰与自豪。在日后实践中如发现不足之处，请及时指出，以便我们修订时改正完善。见证您的收获与成长，是我们不变的初衷！

影响力思想库管理丛书主编

参考文献

[1] 熊超群. 如何激活经销渠道[M]. 北京：企业管理出版社，2005.

[2] 黄锐，龚晓路. 快速消费品分销渠道管理[M]. 北京：中国发展出版社，2005.

[3] 寇荣，刘彦琴. 如何进行分销渠道管理[M]. 北京：北京大学出版社，2005.

[4] 庄贵军. 中国企业的销售渠道行为研究[M]. 北京：北京大学出版社，2007.

[5] 高哲鹏，田光峰，聂亚娟. 渠道管理实操细节[M]. 广州：广东经济出版社，
    2006.

[6] 李玉国. 做渠道霸主：超级经销商打造策略[M]. 北京：机械工业出版社，2008.

[7] 潘文富，黄静. 左手渠道右手终端——快速有效解决经销商与卖场问题[M]. 北
    京：清华大学出版社，2007.

[8] 滕宝红. 渠道管理——如何激活经销商[M]. 北京：人民邮电出版社，2008.

[9] 罗森布洛姆. 销售渠道：管理的视野[M]. 宋华等译. 北京：人民大学出版社，
    2006.